林徽因

民国最美的女神

Lin Huiyin

江晓英 ◎ 著

徐志摩遇见她，生出一颗诗魂

梁思成爱上她，倾付一世钟情

金岳霖守护她，一生「逐林而居」

一身诗意万古春，因是精灵落尘间

中国言实出版社

图书在版编目（CIP）数据

林徽因：民国最美的女神／江晓英著.
—北京：中国言实出版社，2014.7
ISBN 978-7-5171-0654-8

Ⅰ.①林… Ⅱ.①江… Ⅲ.①林徽因
（1904~1955）-生平事迹 Ⅳ.①K826.16

中国版本图书馆 CIP 数据核字（2014）第 133188 号

责任编辑：郭江妮

出版发行 中国言实出版社
地 址：北京市朝阳区北苑路 180 号加利大厦 5 号楼 105 室
邮 编：100101
编辑部：北京市西城区百万庄大街甲 16 号五层
邮 编：100037
电 话：64924853（总编室） 64924716（发行部）
网 址：www.zgyscbs.cn
E-mail：zgyscbs@263.net
经 销 新华书店
印 刷 北京毅峰迅捷印刷有限公司
版 次 2014 年 9 月第 1 版 2024 年 1 月第 2 次印刷
规 格 880 毫米×1230 毫米 1/32 8.75 印张
字 数 186 千字
定 价 46.00 元 ISBN 978-7-5171-0654-8

序

林下别致

——民国才女林徽因

美国著名汉学家费正清这样形容她："林徽因就像一团带电的云，裹挟着空气中的电流，放射着耀眼的火花。"

·林下别致（一）

想象她"吆喝"骡车的样子，单薄的身子，甩头的秀发，与并肩的倩影行进在偏远僻静的阡陌纵横间。一挑素简行头，几尾星子如影随形，月辉或静默在灰扑扑的老庙大柱上，斑驳中打望着去来。她和他，便一起走进一座座墙垣的梦里。千年的寂寞，千年的等待，也许，就为了这一次际遇的偶逢，它们就被发掘、演绎成为建筑史上的经典，走向时光的向阳处，赋予了生命的更新价值！

她为了这一份初心，陪伴他走遍了 15 个省份的山野乡林，高山云梯。他们采撷的历史风云，不同于厚沓的文字记载，在这源远流长的时间长河中，最为朴实直接的科学考证，就是那些尚存的历代建筑物，这些，成了他们眼界里的宠儿。于是，他们从南到北的找寻足迹和线索，将这些"活着"的历史——发掘、翻新，形成一种建筑学术体系。

她和他，都是著名的建筑学历史家。她是民国才女林徽因。他是梁思成，林徽因的丈夫。

她和他，志趣相投，信任有加。他们交相辉映的光芒，至今很少有伴侣能超越这种高度和境界。

她和他是学友、战友，是相濡以沫的爱人同志。

她是司法总长林长民的女公子。他是维新变法推动者梁启超的公子。

·林下别致（二）

就今天而言，她的文学才情，被关注的程度似有与她学术成就并驾齐驱的势头，在某些领域或文人眼里，有过之而无不及。

当游轮驶向大洋彼岸的时候，没有人会预见有一种冥冥之中的牵引力，注定了一次美丽的邂逅。她成为了他诗作的源泉，他为她开启了文学殿堂之路。

他引领着她走向一种情怀的浪漫，他为她编织了一件梦的衣裳，洁白在飞扬。那年她16岁，正值花样年华。他长她7岁，已婚育有一子。他们的炽热碰撞，卷起的众说纷纭，半个世纪也没消停、湮灭，随着对他们诗作的挖掘和热捧，一朵朵浪花更加恣意地飞舞，赋予了新的故事内涵。

他是徐志摩。她和他的爱情一直受到争议和妄猜，他们到底是爱了，放了？最后或爱与不爱，他都在奔赴她一堂精彩的建筑艺术讲座中，千里化了羽翼，殒命于空中，年仅 36 岁。

一生中，她都是文学的吹鼓手，啦啦队长。她在"太太的客厅"里摆搋设局，为民国时期一些大名鼎鼎的文学家提供艺术沙龙的据点，为文学文艺的发展，营造了一种生动的氛围。

新月社的成立，加速了新诗空间的拓展，她是重要成员之一。

她的诗作师承徐志摩，又别具"林氏"风格，烙上了一种无以媲美的抑扬顿挫，读来骨子里更有硬性。她一生保留下来的诗作仅有几十首，却都极为出色。小说、话剧、文评等，深受大家的好评、喜欢。

她爱这变幻！

多才多艺的她，在舞台剧上的演绎洋溢逼真，得到了泰戈尔的激赏。

她是诗人林徽因。她和诗人徐志摩的情缘纠结，一晃快一个世纪了，故事还依旧精彩！

·林下别致（三）

"爱和喜欢是两种不同的情感和感觉。这二者经常是统一的。不统一的时候也不少，有人说还非常之多。"

有人说呵护，说懂得，说这女子是我今生的唯一！但是，这些话语都没他的践行、落实来得铿锵有力、直接。

他为她终生不娶！他一直追随她，做她的左邻右舍。她住前院，他就在后院为她撑起一份暖。他不扰她，他们都活得明明白白，清楚大方。包括她的丈夫和他们的朋友，没有人会在乎有这么一个男人爱着这个女人。一爱就是一辈子，甚至到了晚年，他都是住在她的儿子家里安享黄昏斜阳的美。

她的孩子视他为亲人，最亲的人！他一直陪伴她的孩子们学习，玩耍，作了自己的后代和延续来看待，这是何等的爱！

他是金岳霖，为了爱，他一生"逐林而居"。

有人说，柏拉图的爱情在童话里，而金岳霖的爱，不是童话，却是实实在在的付出和心甘情愿，人间几人能做到？

她是幸福的！林徽因这三个字，让她成为女人的"公敌"。到底是怎样的一个女子，竟可以得到这么多无私的爱情和被爱？这个问题，想必很多人都曾问过。

他是理性的哲学家，逻辑学家，却做了一件世上人不能看透却又很崇拜的情事——无悔地爱她！

一个别致的女子。林徽因。

让我们一起扑向时间的海，回溯到民国的某一天。

目　录

第一卷

一身肝胆任记取

第一章　与妻书

　　她的眼睛很美，如果用会说话来形容，倒是有些肤浅。因了这一抹出神的流彩，祖父一直很宠爱她。娇小玲珑的身子，清雅静怡如兰草般永远的雏芽姿态，像极了林孝恂夫人游氏的模样。她是林家长孙女，周身散发的神气和智慧，都刻录着林氏家族的风采和丰骨。这是一个继承了优良血统的女子，她秉承的家风和遗训，无一不彰显中国知识分子的另一个侧面，另一种精神。而作为女性，在上下五千年的长河中，璀璨闪耀的多才女子，终是极少，大多命运多蹇。

　　而她则不同，一生鲜艳如初放，性灵高洁似璞玉，心怀柔美，亦不乏棱角。丰美的人生，丰硕的成就，几多赞叹。世人谈及时都百般地崇敬，尊爱丛生。

她是风华女子的标杆，因为她成就了毕生的光耀！

她从哪里来，又在哪里栖息，生命的跫音曾驻足过哪儿的天地？她的天空，恣意着怎样的斑斓七色，为何一直这般高远和深邃？

那么，让我们满怀虔诚，慢慢地走进她的世界去看一看，在凌乱不堪的民国时代，曾有这么一支青莲濯濯地绽放，便是林徽因！

三坊七巷，有人说福建闽侯县（现福州市）杨桥巷17号走出了两位近代作家。在20世纪30年代，中国文坛上活跃着闽籍三大才女，林徽因、冰心和庐隐，其中林徽因和冰心与这幢清中叶建造的老房子有着千丝万缕的关系。老房子最初的主人无从知晓，据记载，一个别号崧甫的人，曾是这儿的房主。那么这人是谁，他与林徽因和冰心会有什么牵连呢？

崧甫，是林长民、林觉民和林尹民的曾祖父，经历及其他不详，也只有他传下来的这栋房子记载着这个家族的延续，其中的一支后人林觉民一家到了民国时期就安住在这儿。

林徽因是林觉民的堂侄女，这杨桥巷17号也算是林家的祖屋。故居在福州，即使出生在浙江杭州市，林徽因籍贯也是福建闽侯县。她和冰心、庐隐同乡，而且同里，这巧合的确是不一般的重合，让人不由地会遐想这条古老街巷的魅力。据说庐隐也是出生在三坊七巷里的，只是无法考证故居是哪一幢屋子了。

　　冰心一家其实是后来迁入杨桥巷 17 号的。这里面还有一个因由缘份，让两个毫无瓜葛的才女扭在了一起说文道地。

　　1911 年 4 月，黄花岗的 72 位壮士遇难。其中，就有林徽因的堂叔林觉民，当时年仅 24 岁。在广州起义的前三天，4 月 24 日晚，林觉民在香港滨江楼挑灯写下了那封几乎每一个上过高中的人都熟悉的《与妻书》：

　　意映卿卿如晤，吾今以此书与汝永别矣！吾作此书时，尚是世中一人；汝看此书时，吾已成为阴间一鬼。吾作此书，泪珠和笔墨齐下，不能竟书而欲搁笔，又恐汝不察吾衷，谓吾忍舍汝而死，谓吾不知汝之不欲吾死也，故遂忍悲为汝言之……吾平生未尝以吾所志语汝，是吾不是处；然语之，又恐汝日日为吾担忧。吾牺牲百死而不辞，而使汝担忧，的的非吾所忍。吾爱汝至，所以为汝谋者惟恐未尽。汝幸而偶我，又何不幸而生今日中国！吾幸而得汝，又何不幸而生今日之中国！卒不忍独善其身。嗟夫！巾短情长，所未尽者，尚有万千，汝可以模拟得之。吾今不能见汝矣！汝不能舍吾，其时时于梦中得我乎！一恸！辛未三月廿六夜四鼓，意洞手书。家中诸母皆通文，有不解处，望请其指教，当尽吾意为幸。

　　这封《与妻书》缠绵悱恻，又慷慨激昂，决绝中的柔情复转，悲壮而不舍的情怀使人怆然而泪下。革命与现实的交错，为了无悔的理想，舍小家为大家，永别了，爱人！永别了，亲人！锥心之痛难以名状。当是感触任何人！

　　此番荡气回肠的书信成了千古绝唱，有人说足可以和诸葛亮的《出师表》相提并论、争辉和媲美。

　　林觉民的家国大爱，打动了许许多多的后来人，他们以各种方式祭奠这一位英雄人物，而那些影片中的演绎和一首首为之而作的经典歌曲，无不彰显出人们对他的敬意和深情。其中，齐豫作词以林觉民妻子口吻创作的《觉》，更是让听过此歌曲的人不禁泪下。千秋道义夺爱人，寒夜孤灯守天明。

　　觉（遥寄林觉民）

　　觉
　　当我看见你的信
　　我竟然相信
　　刹那即永恒
　　再多的难舍和舍得
　　有时候不得不舍

　　觉
　　当我回首我的梦
　　我不得不相信
　　刹那即永恒
　　再难的追寻和遗弃
　　有时候不得不弃

　　爱不在开始
　　却只能停在开始
　　把缱绻了一时
　　当作被爱了一世

你的不得不舍和遗弃都是守真情的坚持

我留守着数不完的夜和载沉载浮的凌迟

谁给你选择的权利让你就这样的离去

谁把我无止境的付出都化成纸上的

一个名字

如今

当我寂寞那么真

我还是得相信

刹那能永恒

再苦的甜蜜和道理

有时候不得不理

著名经济学者郎咸平先生在清华演讲，有学生问他最敬仰谁？他答曰：林觉民！

"谁给你选择的权利，让你就这样的离去。"一句催人泪下的拷问，便是今生的诀别。

革命人，大气、豪放、坚定、不屈的大无畏精神，让林家人撒播的种子一脉相承，包括林徽因骨子里涌动的爱国情怀，报效祖国的决心，在后来，无不体现了这个家族的气节内核。

林觉民牺牲了，革命的浪潮还在继续，而杨桥巷17号，对于这个失去了主心骨的家庭已经很不安全，清政府对于革命党的清肃是满门抄斩！不得已，已经怀有身孕的林觉民妻子陈意映忍着满腔的悲伤，携老扶幼，一家子仓惶地搬到了光禄坊早题巷一幢偏僻的小屋中安顿下来。过了不久，受到打击的陈意映不足月便产下了遗腹子林仲新，两年后，思念成疾的陈意映追随亡夫而去。这位与末代皇帝溥仪的老师陈宝琛同宗的美好女子，为爱抒写了最为坚贞的一笔。林家人的坚毅，林家人的痴情，这是一种少有的铮铮铁骨气质！

林家人卖掉了杨桥巷 17 号的房子，而它的新主人便是冰心的祖父谢銮恩。后来，冰心在《我的故乡》里对这幢朱门灰瓦的老房子做过生动的描绘，更加清晰地展现了当时的情景。

老房子虽然从林氏过到谢氏，但无论如何，这都是林徽因族人曾经生活过的地方，虽然她未曾居住过（1927 年林徽因新婚回到故乡，杨桥巷 17 号已卖给了谢家），但是，这里外的因缘纠结，道不清说不明的冥冥注定，为后来两人的故事，多了一记伏笔。

在这幢房子中，还埋藏着更多的鲜为人知的故事。林觉民是觉醒的革命人，他在自己家里办起了一个别具一格的"女校"，先是将新婚妻子陈意映动员进来，再发展了堂嫂、弟媳、堂妹等亲友家属十多人入学。林觉民任教员，不仅教授她们国学，还大讲封建礼教对妇女的压迫与束缚，同时也介绍西方国家的男女平等观念和社会制度等情况。受他的思想影响，林觉民的姑嫂放了小脚，走出家门，进入刚建立的福州女子师范学堂，成为该校第一届学生。这是一个传承中国文化，有着知识氛围的家庭，也是一个摒弃痼疾和思想新潮的家庭。林家的开放思想和觉醒意识不同于普通人家，先知先觉，氛围浓烈。而在杭州的林长民这一家族，同样也受到进步和解放思想的极大影响，林长民的父亲，林孝恂眼光明亮，意识开阔，给予了子女和家庭不一样的知识和时事灌输，这与他文人的气质是分不开的。

林孝恂，字伯颖，福建闽侯县（今福州市）人。根系福建闽侯林氏，旧年林氏是望族。林氏至林孝恂这一支已渐沦为布衣。但林孝恂勤奋，以光绪年间进士之身列翰林之选，与康有为同科，历任浙江海宁、石门、仁和各州县地方官。当年在京时，觉官场社会应酬开销太大，家底单薄无以支撑维计，萌发了外放地方官的想法，而外放的捷径就是在翰林院年度甄别考试时只要故意写错一个字，考官即明白此人希望离开京城。林孝恂依此行事，便如愿到了江南任职，最后代理杭州知府。

作为地方小官吏，林孝恂能接受西方思想观念和教学观点，在晚清摇摇欲坠的政治大环境下，是开拓的，也是开阔的。他以敏锐的视角和灵敏的嗅觉感知到了一场变革的蠢蠢欲动，他不得不为自己的后代谋求一个发展的空间，确立一条适合的路径。他的前瞻性高远辽阔，超越了许多同僚的眼界和视角，运筹帷幄之中，谋定布局占了先手，让林氏家族延续着兴盛繁荣的大格局。

林孝恂的这一家庭价值理念，很有曾国藩家族作风的意味。拷问历史，怎有千秋万代的繁盛，但是，有一种精神永在，共存，锲入骨子里的延续。

第二章　承美德

诗曰："思齐大任，文王之母。思媚周姜，京室之妇。大姒嗣徽音，则百斯男。"林徽因的名字，从诗经《大雅·思齐》的大姒嗣"徽音"二字演绎而来，后因与中国海派作家、诗人林微音的名字时有混淆，便将"音"改为了"因"字。这是林徽因祖父林孝恂亲自取的名字，意为继承美德，同时引出孙儿满堂，林家昌盛的意思。

林徽因是林孝恂的长孙女，这一房人这一代的第一个孩子。实际上，林徽因的母亲是林长民第二房夫人。林长民原配夫人叶氏早早地过世了，也没有留下一男半女。所以，这位生于浙江小城嘉兴，父亲开了一间小作坊，只能算小家碧玉的女子，还算幸运地作了填房。

后来有人评价，林徽因的母亲何雪媛，头脑像她裹得紧紧的一双小脚一样，守旧又畸形。本是文盲的她，嫁入林家这样的书香门第，好好地经营德容妇容，将丈夫、公婆伺候好了，或许日子会如意吉祥一生。但是，她却不这么想和做。何雪媛在家排行最小，娇生惯养，斗大的字不识不说，也不会女红，而且更为招人不快的是一张利嘴，脾气暴躁不检点小节，特别任性。在家做姑娘时，父母还包容惯着，但是，到了林家，依旧一点也不改性子，我行我素地不以为然。这样的模样，让婆母游氏非常反感，当然其他人也不待见。游氏喜好读书，工于书法，而且女红也拿手在行，既是贤妻良母，又是一派大家闺秀的风范，主母的端架，让人不得不信服于她。一对比，何雪媛自然与婆母相差不是一大截，根本就是处在两个世界里的人，必然不讨游氏的欢欣。生下长女林徽因后，何雪媛也为林家添过一男一女，但都不幸夭折了，家庭地位更令人堪忧，丈夫不疼，公婆不爱，自然成了林家的嫌人。

林徽因有一位优秀出色的父亲，上天便给了她一位平凡得不能再平凡的母亲。上苍说，世间是公平的，人世是不完美的，总有一个支点平衡才好。

林家接二连三地失去子嗣，原本因林长民在日本留学，也没有将纳妾提上议程，如今这样的"香火"不旺，林家人不得不考虑后继的事情。

1912 年，林长民娶了第三个妻子程桂林。程桂林也不识字，但是她精明乖巧，投得公婆的缘，伺候林长民也有妻子的章法，慢慢地，自然在林家就有了地位。再到后来，程桂林生下了林燕玉、林桓、林恒、林暄、林垣几个子女，更是受宠得爱，同时林家也有了光大门楣的后来。林桓成为了美国俄亥俄美术学院院长，林桓的女儿林璎，2010 年获得美国国家艺术奖章，在美国白宫接受美国总统颁奖。她学习从事的专业，就是姑姑林徽因的建筑学，成绩斐然。林家人都有革命的情怀，到了林徽因这一代，三弟林恒在抗日战争中，驾驶战机阵亡于成都上空。为此林徽因悲伤地写下了《哭三弟恒——一九四一年空难阵亡》一诗，成为经典之作。全诗浸透的惋惜、伤痛、不舍，撕心裂肺地哭诉着！当然，这是后话。

程桂林一脉，枝繁叶茂，深得林家人的宠爱。由此，林长民便以"桂林一枝室主人"居称，又因宅院里栽着梫树两株，他又自谓"双梫老人"。

程桂林的好，林徽因母亲何雪媛的不是，一直笼罩在这个家庭，尤其在林徽因的心头，是一个无法解开的伤痛。当然，何雪媛自己何尝不是难过与无奈的。

在大院、堂屋前，林家人是极其喜欢林徽因的。她乖巧，漂亮的样子很像祖母游氏。出生后的林徽因，基本是祖母一手带大的孩子，游氏将她放在自己房里抚养，从小的知识作风启蒙，思想启迪和开发，都是得了游氏和祖父林孝恂的言传身教，两位老人都是文人，有修养，重教育，特别是林孝恂，从布衣成为朝廷命官，所经历过的社会变革和朝廷纷争肯定不一般，自是有一套做人的方式和方法。他不但将自己的儿子送出国门学习深造，也鼓励支持亲属子女出国，另外他还资助蒋百里赴日本留学，蒋百里后来成为民国时期著名的军事教育家，由此可见林孝恂独显其慧眼和敏锐的政治家思想。

20 世纪末浙江石门民间发现林孝恂手书的对联：

书幌露寒青简湿
墨花润香紫毫圆

林孝恂读书泼墨，书卷气一直伴随为官道路。这幅对联正是林孝恂宦余生活的写照。文人官人，大多有不一样的经历，也会造就不一般的气质和气魄。林孝恂敢于打开封建思想的禁锢，实乃真开明。林孝恂请了国学大师和外籍教师在家中讲学；聘请国学大家林琴南讲析四书五经；聘请新派名流林白水讲授天文地理知识，以及境外概况；又招了外籍教师华惠德（加拿大）、嵯峨峙（日本）来家教习英文、日文。这种做法，用今天的话归纳来说，就是叫教育投资，而多半眼界开阔的人选择的方式和理念不同。在晚清有这样的教育做法，是超出常人和常规做法的，而且中西兼容，更不容易了。

林徽因在这样的家庭环境中长大，受到的熏陶必然比其他孩子高出一筹。林徽因作为中西方文化契合的最好范本，这与林孝恂主持的家庭教育模式是分不开的。

　　林长民时常在外，留林徽因在祖父母膝下环绕。林徽因 6
岁时，她就开始做了祖父的通讯员，代笔给父亲写信。这些信
已经无法寻到了，但是，家人幸运地保存了一些林长民给她的
回信，弥补了这份遗憾的珍贵。记录最早的一封书于林徽因 7
岁时。

　　徽儿：

　　知悉得汝两信，我心甚喜。儿读书进益，又驯良，知道理，
我尤爱汝。闻娘娘往嘉兴，现已归否？趾趾闻甚可爱，尚有闹
癖（脾）气否？望告我。

　　祖父日来安好否？汝要好好讨老人欢喜。兹寄甜真酥糕一
筒赏汝。我本期不及作长书，汝可禀告祖父母，我都安好。

父长民三月廿日

　　如果去探究林徽因的信件，可从其父亲的回复中得出些许
感慨——这是一个早熟的姑娘。能将家庭事一一地梳理清楚，
她能打理好日常琐碎事情，有不一般的练达。且作为长孙女的
她，肩负了兄弟姐妹的表率作用，她就是这个家庭的标杆。虽
然她还是一个孩子，尤其还是一个女孩子，但是，林家人对她
的期望，没有男女的歧视，从林长民积极地带她去英国见世面
的举动中就可看出一二。在她十二岁时，父亲与她的一封书里
写道：

　　本日寄一书当已到。我终日在家理医药，亦藉此偷闲也。
天下事，玄黄未定，我又何去何从？念汝读书正是及时。蹉跎

误了，亦爹爹之过。二娘病好，我当到津一作计□。春深风候正暖，庭花丁香开过，牡丹本亦有两三蓓向人作态，惜儿未来耳。葛雷武女儿前在六国饭店与汝见后时时念汝，昨归国我饯其父母，对我依依，为汝留□，并以相告家事。儿当学理，勿尽作孩子气……

林徽因曾对知己费慰梅倾吐谈论过童年的生活。后来，费慰梅有一句话，真切地记录下了林徽因当时的情形和思想："她的早熟可能使家中的亲戚把她当成一个成人而因此骗走了她的童年。"这是林徽因一种早熟的写照。她没有了童年，或者她的童年作了一颗寂寞的种子埋下，一直没机会发芽，一晃早春便如此匆匆地过了。

祖父病故后，林长民忙于北京政务，全家人北上住在天津。林徽因一定程度上成了天津这个家里的主心骨，照顾自己的母亲和二娘，还有几个幼小的弟弟妹妹，打点家务，她承担了不应该是一个女孩，特别是一个贵族女孩应该承担的事务。她保存的一封与父亲的通信上是这么批注的："二娘病不居医院，爹爹在京不放心，嘱吾日以快信报病情。时天苦热，桓病新愈，燕玉及恒则啼哭无常。尝至夜阑，犹不得睡。一夜月明，桓哭久，吾不忍听，起抱之，徘徊廊外一时许，桓始熟睡。乳媪粗心，任病孩久哭，思之可恨。"这样细碎周到的家庭汇报，不是一般小女孩能做到的。林徽因的能干和懂事，成就了她可以发展职业的本领。这样锻造出来的孩子，事业上必有过人的耐力和坚持力，也能吃苦和晓理。

　　林徽因没有童年，或者说童年和少年，都在不知不觉中被日子的充实剥夺了。林徽因在这些家事处理中，学到和懂得的，远比书本和经验之谈来得直接和有效。童年是困惑的，童年也是收获巨大的。对于林徽因来说，是愿，还是怨，现在不得而知。但是，小小的孩子，终究在大大的事情面前，无比自信地完成了许多人无法承担的任务，这就是林徽因年少时的收获。

第三章　悼林公

辛亥革命后，时局动荡，前清官吏纷纷躲避战事和变革带来的不确定。经历惯了风雨，又遇上了改朝换代的这些大小官员，一般都是选择回到故乡置田安家，以保全身家的完整和晚年的生活。而林孝恂的抉择却不同，他不但不跳出瞬息变幻着的风云格局，反而客居于上海，投资股份参与商务印书馆的发展，从而跻身进入现代出版行业。这种乱世中的不按常理出牌，不按章法谋局，无疑有点火中取栗的大胆意味，预见难料，实难揣测未来的格局走向。一旦有变，钱财一夜间就如"小石子掷入水中"，声响全无就可能忽地不见了踪影。

这就是林孝恂，能斡旋主流和看清方向的林孝恂。

林家人，不一般。能文能武，英雄之家，文艺之家，官宦之家。这样的家族，会有一种精神恒在，始终贯穿渗入到了后代子弟的骨血中去。这是一种难能可贵的家风家训秉承。林徽因算是其中一个佼佼者。在光耀门楣的同时，更加彰显了中西方文化的契合，封建与现代思想的撕裂、掺拌、融通后成就为中国知识分子的新形象代表。

林家人开明，林家人激昂，林家人奋勇，林家人的开拓性和创造性烙印下了许多精彩。

林徽因实际上还有一个出色的堂叔，叫林尹民，他也是黄花岗七十二烈士之一，为革命捐躯。只是没有同根同宗的林觉民那么显得光华，后人大多记住了林觉民和他的《与妻书》。其实，革命事迹略显平淡些的林尹民，他的忠烈和抱负却是雄浑、铿锵的。这一门忠孝，青山常驻，烈火永盛。林长民，林尹民，林觉民，三兄弟先后光荣地去了两位。林长民，该以怎么的姿态来延续或高举林家人的旗帜呢？

在外为官的林孝恂，带着一家人离开了福建老家，最终定居于浙江杭州。对于林长民的培养，林孝恂大胆地采取了中西兼容教育，希望林长民成为一个全面的社会人。

1902 年，林长民赴日本留学，进入早稻田大学学习，研究政治经济。林长民本身聪慧过人，曾中光绪廿三年的秀才。这也算中西合璧的新式优秀人物。在日本留学期间，林长民曾任留日福建同乡会会长，结识了许多名流政要，如日本的犬养毅、尾崎行雄、中国的宋教仁、张謇、岑春煊、汤化龙等。林长民对于圈子群的积极营造，可见其抱负的高远和宏伟的志向，他是有革命理想和人生信念的人，一生为之奋斗不息。

林长民遇难后徐志摩曾这样感叹：

"这世界，这人情，哪禁得起你锐利的、理智的解剖与抉别？你的锋芒，有人说，是你一生最吃亏的所在。但你厌恶的是虚伪，是矫情，是顽老，是乡愿的面目，那还不是应该的？谁有你的豪爽？谁有你的倜傥？谁有你的幽默？"

这简短直白的评述，当是林长民一生心性和为人的写照。这样的人扎根政界，无疑有煽动性和革命性，很具有"杀伤力"。

徐一士在《谈林长民》中描述的林长民的样子是："躯干短小，而英发之慨呈于眉宇。貌癯而气腴，美髯飘动，益形其精神之健旺，言语则简括有力。"让人难免细细思量这是一个什么样的人物，精干的气质，神气的模样，胡须飘逸，口吐莲花，让人自然遁形自我的存在，他或许会成为任何一个话题的焦点，就如他的女儿林徽因一样，从来都是魅力十足，气场过人的性情中人。

在当下，我们一提及林长民，都会不由自主地说，他是林徽因的父亲。而在当时，林徽因被人介绍的身份：这是林长民的女儿。

林徽因和父亲林长民，在所处的时代，或现今被关注的程度，以及因由本末无从考证了。但是，在清末民初，林长民委实一个风云际会的人物，倜傥志士，叱咤政坛许多年。他留学归来即投身宪制运动，宣统元年由聚在上海的各省咨议局公推为书记，组织请愿同志会，要求清皇朝召开国会；民国元年参与议订临时约法，先后担任临时参议院秘书长、众议院秘书长。1917年入阁做过三个多月司法总长，为期甚短却盛名一时。因拒绝军阀贿赂开脱其罪，为此丢了乌纱。正气浩然的他自嘲刻了一枚印章"三月司寇"，颇堪玩味。

林长民在担任司法总长期间，与当时担任财政总长的梁启超属于同僚，两人官位相当，意气相投，彼此携手鼎立推动宪政运动。后来梁林两家结为儿女亲家，那真是门当户对的一桩姻缘，也是非常自然的了。林长民的气贯长虹，有人说拒收军阀十万现大洋算不得什么，他对于革命的推动和民族的意义，有更为高标的振臂一挥。

"巴黎和会"期间，正在巴黎的梁启超，用电报快速告知国内的外交委员会成员暨事务主任林长民，日本将继德国享有霸占青岛的特权。林长民连夜撰写了《外交警报敬告国民》，发表于5月2日北京的《晨报》上。消息的披露，无疑是重磅炸弹，旨在国人赶紧地警醒。他疾呼："胶州亡矣！山东亡矣！国不国矣！"最后号召："此皆我国民所不能承认者也。国亡无日，愿合我四万万众誓死图之！"这篇愤慨陈词的短文，一时成了导火线，瞬间点燃了全国同胞的爱国热情。第三天，爆发了具有时代记号和历史意义的"五四运动"。林长民此举，无疑成了事件的中心点和重心轴，意义非凡！但是，这一壮举，也预示着他的政治生命将再次跌入深谷，于是，他不得不辞去刚担任五个月的外交委员会委员一职。辞呈以公开的形式刊登于《晨报》：

"长民待罪外交委员会者五阅月矣，该会仰备顾问，陈力就列，职责较微。自初次议决一案，由国务院电致专使，经月之后，当局意见忽生纷歧，虽经再三迁就，枝节横生，久已不能开会。长民兼任事务，无事可任。本应早辞，徒以荷我大总统之眷，厕于幕僚之列，非寻常居官有所谓去就者，故亦迁延以至今日。

今者日本公使小幡酉吉君，有正式公文致我外部，颇以长民所任之职务与发表之言论来相诘问。长民愤于外交之败……若谓职任外交委员便应结舌于外交失败之下，此何说也？闻阁议后曾将日使原文送呈钧座，用意所在，得无以公府人员难于议处，无以谢邻国而修睦谊乎？长民上辱我大总统之知究，不敢凭恃府职，予当局以为难。兹谨沥情上陈，务乞大总统准予开去外交委员暨事务主任兼差，俾得束身司败以全邦交。"

林长民一生忙碌于政治，或许，最终无一所谓的功成大建树，但是，他提倡和引领的时代符号，也有几笔重要的记载。辛苦地奔走忙于政事，该歇下的时候，林长民也曾心存疑惑和迷茫。

辞去外交委员会委员一职后，林长民被派往（也可说是打发）欧洲参与组建"国际联盟"的闲差。政治抱负已经山高水远了，难以实现也不能再有作为。如果是一种从头来过，都还有希望尚存，但是，流放这种打击无疑最大，翻身之日或许已经遥遥无期了。林长民这时非常消极，同时对政治生活产生了极度地厌倦。胡适此时见到的林长民是："终日除了写对联条屏之外，别无一事。"

也是这次派驻海外考察，林长民有机会带上了最为喜欢的女儿林徽因同往。而一代才女林徽因的人生剧情，也是从这一刻起正式拉开大幕了，她的精彩如一团带电的云，在沉寂的酝酿中慢慢地蓄攒能量，只等那一瞬间的迸发随即而来。

在伦敦，一个偶然的际遇，林长民和诗人徐志摩相识了，他们谈天说地，引以为知己，同为性情中人。林长民还将自己早年在日本留学时的艳事与徐志摩一吐为尽，这种不避讳像极了多年信任有加的老友。徐志摩据此演义成小说《一个不很重要的回想》，可见彼此亲近无隙的坦诚心怀。也就是这一时期，一场热烈轰动的爱情故事敲响了鼓点。在与林长民相遇后，徐志摩遇到了人生中最为重要的一个女子，她是林徽因。

一边恋着林徽因，一边与林徽因的父亲高山流水知音地传递着友谊的深厚和游艺的妙哉。据说，这一期间，林长民和徐志摩两人相互邮寄着有意思的信件，一个以女子口吻，一个以男子口吻热烈地互诉衷肠，这无疑是一种令人瞠目结舌的奇思怪想。这就是中国文人，他们有许多特别的创新和创意，令人耳目一新，也叹为观止。

如果林长民不是一位政客，那么，他的才华必将在文艺文学上大放光彩。有人说，以他的书法造诣后来可以当之无愧地成为书法家，他书写的"新华门"匾额，至今悬于长安街。他的文学才情，如若论之，游记和情书更显功底和悟性，实属难得的人才。林徽因说，父亲是她唯一的知己，而林长民同样也说女儿是他的知己。林长民还说："做一个有天才的女儿的父亲，不是容易享的福。"这句话，没由来地让人心底发酸。都说女儿是父亲前世的情人，林徽因的才华和性情，她对于父亲的爱和父亲对她的栽培，都显得那么努力和无私。林长民走得太匆匆，被流弹击中不幸遇难，当时，林徽因留学美国。这样的离开，感叹的同时，也有无尽地惋惜，周总理曾说"北洋政府里有好人"，指的正是林长民。

当时，各方对于林长民褒贬不一，有人贬为逆贼，有人誉为志士。上门吊唁者数百，梁启超的挽联，可谓知人公正之论：

天所废，孰能兴，十年补葺艰难，直愚公移山而已；
均是死，容何择，一朝感激义气，竟舍身饲虎为之。

第四章　人生结

林徽因一生有一个结！

梁从诫是这么来说自己母亲的苦恼的："她爱父亲，却恨他对自己母亲的无情；她爱自己的母亲，却又恨她不争气；她以长姊真挚的感情，爱着几个异母的弟妹，然而，那个半封建家庭中扭曲了的人际关系却在精神上深深地伤害过她。"

林家始终是一个封建家庭，无论怎么变革和追潮，思想怎么开化，都有尊卑偏正之分。何雪媛是林长民继室，本来正室的离世，给了她一个绝佳平台，她只要在林家好好地尊老爱幼，守己守夫，生儿育女，即使不是什么大家闺秀，以林家的包容气度，还是能让她过上宽松无忧的日子。但是，她的小姐脾气一直跟随相伴着，没有真正地静下心来揣摩如何做好林家媳妇儿，也没有真正的林家夫人的架子，有许多明眼的短处被人拿捏，且又不能好好地克制和自控。此外，她的欲望反而愈加不能掩饰，她想得到丈夫的疼爱，想得到家族的尊重，想得到公婆的认可，她当然明白只有有了这些才能在这个家立足。或许她想的是，来到了兴旺发达的林家，也算攀上了高枝，出头之日不远了。作为一个小作坊主的闺女，夫家的条件是许多人想攀附的，在这个高门庭中虽然是填房，但当时她至少是林长民唯一的妻子，那时林长民还没纳妾，也没想到纳妾这事。这样的人家，传承中国古风，最注重尊卑长幼，秉承礼仪气节，自然也就会有许多的框框套套，规矩方圆，在这样的"禁锢"下生活，过日子，无疑对何雪媛是一个很大的考验。小门户生长的女孩子，毕竟也不见多识广，且脾气暴躁，情绪波动，很难适应这种秩序严谨的家庭氛围。其实，自古权贵人家多寂寞，内眷是非争斗多频发。

何雪媛除了性格和这个家族不合拍外，心不见小，头脑却紧凑，缺乏应有的适应能力和应对技巧，想得到更多的关爱和财富，无疑是很难达成的。先天条件决定了她的最终命运。

幸好，何雪媛还有一个林家人都爱着的孩子，才得以让她在林家好过些。林徽因对于母亲，悲哀了一生，忧愁了一生。提到母亲，她总是难以平静。她去信对费慰梅说：

"最近三天我自己的妈妈把我赶进了人间地狱。我并没有夸大其词。头一天我就发现我的妈妈有些没气力。家里弥漫着不祥的气氛，我不得不跟我的同父异母弟弟讲述过去的事，试图维持现有的亲密接触。晚上就寝的时候已精疲力竭，差不多希望我自己死掉或者根本没有降生在这样一个家庭……那早年的争斗对我的伤害是如此持久，它的任何部分只要重现，我就只能沉溺在过去的不幸之中。"

　　林徽因的伤痛，没人能替她抚平，这是一种淤堵，硬伤。二娘程桂林的处事和乖巧，赢得了林家上上下下的尊重和喜欢。特别是林长民给予程桂林的爱，那是不加掩饰的，从程桂林的子嗣枝繁叶茂中可以一目了然地体现了。林长民甚至将自己的居室也冠以程桂林的名字，可见一斑的宠爱有加。一个失去丈

少女时代的林徽因（右一）

夫的爱和支撑的女性，特别是封建社会下还一夫多妻的这种状况，让何雪媛更加委屈和不甘。

小时候的林徽因，在林家的前庭中常常受到全家人的爱护和喜欢，大家对这个大小姐尊重有加。林徽因的出色，不仅因她在相貌上近似老爷子林孝恂和游氏，更重要的是她的才情天赋从小就胜人一筹，做事说话也分寸得宜。在林家这样的大家族中，生存下来并良好存在的方式和价值，全凭自己得人心，服人否。小小年纪，林徽因的处事能力就颇有板有眼了。院前的繁荣喧闹，没有随着林徽因的转身而带到后院的何雪媛房里，每次走进母亲的小院，清冷袭来，林徽因心头漫过的凄凄和伤痛，那是多年萦绕心中的梦魇。她和母亲在一盏孤灯下，慢慢地等待一个又一个的天明。

何雪媛对程桂林及程桂林的孩子们，心中有气，不假眼色地抵对，让林徽因有时难以做人。一家人不和睦，自然产生间隙，这让林家人更加不喜欢何雪媛，也让林长民更加亲近懂事会做人的程桂林。经过这样的反复后，本来就没有什么感情的林长民和何雪媛自是越来越远了。唯一值得安慰的是，林家和林长民对于林徽因的爱从来没有因为何雪媛的不是而改变和疏远。

林徽因和母亲一辈子生活在一起，直到白发人送黑发人。在相依为命的过程中，何雪媛一直还是那急躁的性格，林徽因将她这个缺点活脱脱地承袭了。这极好，又不好。当然，对于能很好把握尺度的林徽因来说，急躁有时反而变成了她利落地说干就干，说是就是的行事风格，快手快脚，快人快语，拉快半拍的做事节奏。如果从辩证的角度来看待，未免不是好事。

　　林徽因的老邻居，了解这一对母女情形的金岳霖，是这样分析看待何雪媛的。他在给费正清的信中道："她属于完全不同的一代人，却又生活在一个比较现代的家庭中，她在这个家庭中主意很多，也有些能量，可是完全没有正经事可做，她做的只是偶尔落到她手中的事。她自己因为非常非常寂寞，迫切需要与人交谈，她唯一能够与之交流的人就是徽因，但徽因由于全然不了解她的一般观念和感受，几乎不能和她交流。其结果是她和自己的女儿之间除了争吵以外别无接触。她们彼此相爱，但又相互不喜欢。我曾经多次建议她们分开，但从未被接受，现在要分开不大可能。"这是对何氏最为精辟而真实的评价，金岳霖用哲学家的眼光和思维对此一点即破。优秀的林徽因在母亲面前，总不能保持冷静的头脑，她们就像两只相爱的刺猬，一次次锥心地靠近，却又一次次在伤害中退却。

　　林徽因病逝后，梁思成续弦娶了林洙，再无其他子嗣的何雪媛便继续随着梁思成生活。后来，梁思成也在七十年代先她而去，何氏又随着林洙一起生活。这么一个老人，不知女儿和女婿已经先她离开了人世，依旧是当初的模样过日子，是幸福，还是不幸。至少，老人长寿，活到了八十多岁的高龄。当年与林洙一起的时候，周恩来总理得知了林徽因的母亲尚健在，指示相关部门给予老人每月五十元的生活费，国家领导人出面关心呵护何氏晚年，林徽因的贡献和成就，可见一斑。

　　林徽因的几个同父异母的兄姐妹中，抗日战争为国捐躯的林恒，因由林徽因的一首悼念诗作，他被许多人记住了，使人倍感哀痛和惋惜。

> 弟弟，我没有适合时代的语言
> 来哀悼你的死；
> 它是时代向你的要求，
> 简单的，你给了。
> 这冷酷简单的壮烈是时代的诗
> 这沉默的光荣是你。
>
> 假使在这不可免的真实上
> 多给了悲哀，我想呼喊，
> 那是——你自己也明了——
> 因为你走得太早，
> 太早了，弟弟，难为你的勇敢，
>
> 机械的落伍，你的机会太惨！
> 三年了，你阵亡在成都上空，
> 这三年的时间所做成的不同，
> 如果我向你说来，你别悲伤，
> 因为多半不是我们老国，
> 而是他人在时代中碾动，
> 我们灵魂流血，炸成了窟窿。
>
> 我们已有了盟友、物资同军火，
> 正是你所曾经希望过。
> 我记得，记得当时我怎样同你

讨论又讨论，点算又点算，

每一天你是那样耐性的等着，

每天却空的过去，慢得像骆驼！

现在驱逐机已非当日你最理想

驾驶的"老鹰式七五"那样——

那样笨，那样慢，啊，弟弟不要伤心，

你已做到你们所能做的，

别说是谁误了你，是时代无法衡量，

中国还要上前，黑夜在等天亮。

弟弟，我已用这许多不美丽言语

算是诗来追悼你，

要相信我的心多苦，喉咙多哑，

你永不会回来了，我知道，

青年的热血做了科学的代替；

中国的悲怆永沉在我的心底。

啊，你别难过，难过了我给不出安慰。

我曾每日那样想过了几回：

你已给了你所有的，同你去的弟兄

也是一样，献出你们的生命；

已有的年轻一切；将来还有的机会，

可能的壮年工作，老年的智慧；

可能的情爱，家庭，儿女，及那所有

生的权利，喜悦；及生的纠纷！

你们给的真多，都为了谁？你相信
今后中国多少人的幸福要在
你的前头，比自己要紧；那不朽
中国的历史，还需要在世上永久。

你相信，你也做了，最后一切你交出。
我既完全明白，为何我还为着你哭？
只因你是个孩子却没有留什么给自己，
小时我盼着你的幸福，战时你的安全，
今天你没有儿女牵挂需要抚恤同安慰，
而万千国人像已忘掉，你死是为了谁！

林家几代英雄，实在少见。林长民、林尹民、林觉民，都为梦想义无反顾地奔赴黄泉，没有眨一下眼睛的决绝，他们革命的火种在林氏子弟心中一直延续着，精神着。林恒也在追随自己的父亲、叔叔们的路上，一点没有迟疑，当是好男儿！

后来，侄女林璎也积极追赶姑姑林徽因的步伐，在建筑学术上大有成就，2010 年获得美国国家艺术奖章，成为林家人的又一骄傲。其父其母艺术造诣也非常高，父亲林桓曾任美国俄亥俄美术学院院长。

许多人知道的林徽因，出生名门，高贵不已。许多人心中的林徽因，是衔着金汤勺的娇小姐。许多人眼里的林徽因，是大家闺秀，风华绝代和才情无双的佳人。林徽因的文学造诣，曾与张爱玲并驾齐驱。而林徽因生命的光彩，不单单属于文艺，她有更为辉煌的事业和追求。

第五章　百年好

梁启超与林长民是并肩作战的老朋友，战友，最终成为了姻亲，这是缘分的缔结和再延续。

梁启超的公子梁思成，林长民的女儿林徽因，结为百年之好！

这两家人，典型的同道之人，世交之家。这两家人，门当户对。梁启超是财政总长，林长民是司法总长。

梁启超祖籍广东，字卓如，号任公，又号饮冰室主人、饮冰子、哀时客、中国之新民、自由斋主人等。他是近代史上著名的政治活动家、启蒙思想家、资产阶级宣传家、教育家、史学家和文学家；也是中国近代维新派代表人物、学者，戊戌变法运动（百日维新）的领袖人物。他倡导文体改良的"诗界革

命"，批判了以往那种诗中运用新名词以表新意的做法，提出
"以旧风格含新意境"的进步诗歌理论，对中国近代诗歌的发展
起了积极作用。在他的理论影响下，黄遵宪等一大批新派诗人
出现了。梁启超在自己的诗歌创作中也努力实践新的诗歌理论，
他的诗作留存不多，但是用语通俗自由，敢于运用新思想、新
知识入诗，诗风流畅。在提出"诗界革命"口号后，梁启超又
提出"小说界革命"的口号，并在创作上进行了积极的有意义
的尝试。与诗歌、小说、戏曲相比，梁启超在散文方面取得的
成就要高得多。以他于 1896 年到 1906 年十年内在《时务报》
《新民丛报》上发表的一组散文为标志，完成了资产阶级改良派
在散文领域的创举——新文体的确立（亦称"新民体"）。梁启
超著有《饮冰室合集》、《中国近三百年学术史》、《中国历史研
究法》、《少年中国说》等。影响深远，福泽后世，著名诗人徐
志摩就是他的学生之一。

　　说起徐志摩，与梁启超的渊源还不止这些。徐志摩曾经不
惜一切为之追求的伴侣，就是后来成为梁启超儿媳妇的林徽因。
因为徐志摩的不弃不舍，梁夫人有一段时间非常生气，一度暗
示林长民要林徽因与徐志摩保持距离。有了这么一段插曲，让
一些本来很简单正常的事情，蒙上了揣度和猜测的意味。1926
年 7 月 7 日，徐志摩与陆小曼结婚，恭请梁启超作为证婚人，
在这个婚礼上，梁启超的一段贺词，让这段婚姻一开始就笼罩
着不详阴影。梁启超在给梁思成和林徽因的信上对此也有提及：

孩子们：

　　我昨天做了一件极不愿意做之事，去替徐志摩证婚。

他的新妇是王受庆夫人，与志摩恋爱上，才和受庆离婚，实在是不道德之极。

我屡次告诫志摩而无效。胡适之、张彭春苦苦为他说情，到底以姑息志摩之故，卒徇其请。我在礼堂演说一篇训词，大大教训一番，新人及满堂宾客无一不失色，此恐是中外古今所未闻之婚礼矣。今把训词稿子寄给你们一看。

青年为感情冲动，不能节制，任意决破礼防的罗网，其实乃是自投苦恼的罗网，真是可痛，真是可怜。徐志摩这个人其实聪明，我爱他不过，此次看着他陷于灭顶，还想救他出来，我也有一番苦心。老朋友们对于他这番举动无不深恶痛绝，我想他若从此见摈于社会，固然自作自受，无可怨恨，但觉得这个人太可惜了，或者竟弄到自杀。我又看着他找这样一个人做伴侣，怕他将来苦痛更无限，所以想对于那个人当头一棒，盼望他能有觉悟，免得将来把志摩累死，但恐不过是我极痴的婆心便了。

梁启超的担心一语成谶。后来，婚后的徐志摩和陆小曼出现了许多裂痕，两人婚姻摇摇欲坠之时，却因徐志摩急着搭乘免费飞机赶回北平听林徽因的一个建筑艺术讲座而坠机身亡。这林林总总，让徐志摩、林徽因，与梁家都有千丝万缕的联系。而梁启超的预见性，竟如此充满了智慧和真知灼见，以至于不得不痛心疾首地在婚礼现场演绎了这一出难堪的祝词，古今确是少有。

梁家是政治之家，也是知识分子的家庭，与林家同出一辙的背景，这也是林徽因与梁思成能志趣相投，心心相印一直走下去的内因。

梁启超有九个子女，个个优秀，各有所长，堪为大用之才。

梁思顺，长女。爱好诗词、音乐，编有《艺蘅馆词选》。是研究梁启超学术思想的重要参考资料。

梁思成，长子。林徽因的丈夫。毕业于清华大学，后赴美国宾夕法尼亚大学建筑系深造，获硕士学位。中国著名的建筑学家。

梁思永，次子。著名考古学家。毕业于美国哈佛大学。

梁思忠，三子。就读美国弗吉尼亚陆军学院和西点军校，回国后任国民党十九路军炮兵校官，1932 年患腹膜炎，因贻误治疗而去世，年仅 25 岁。

梁思庄，次女。著名图书馆学家。毕业于哥伦比亚大学图书馆学院，获图书馆学士学位。

梁思达，四子。长期从事经济学研究。毕业于南开大学经济系。

梁思懿，三女。主要从事社会活动。第六届全国政协委员。早年在燕京大学读书，初念医预班准备升入协和医学院学医，后为了参加革命转入历史系。

梁思宁，四女。曾在南开大学读一年级，因日军轰炸学校而失学。1940 年投奔新四军。

梁思礼，五子。著名火箭控制系统专家，获普渡大学学士学位，辛辛那提大学硕士和博士学位。

九个儿女中，有三个儿子是中国院士，其中，梁思成、梁思永兄弟俩同时于 1948 年 3 月当选为第一届中国院士（人文组），梁氏一家真可谓"满门俊秀"。

"龙生九子"，个个龙腾虎跃般的精神，响彻一方。梁启超的九个子女，个个都有响当当的成就，实属罕见，真乃教育楷模之家。不得不说，林徽因嫁入这样的家庭，委实相当。

林家和梁家结亲，林长民没能等到女儿的大喜之日，没能见证女儿百年好合的成礼，没能看到婚礼现场的热闹气氛，就意外地被流弹击中先去了。但是，在林长民离世后，梁启超将林徽因作了女儿看待，承担了她在国外的全部学费和生活费用。当时的林徽因和梁思成还没走入婚姻殿堂，这一义举，使林徽因得以安心学习，顺利毕业。林徽因通过自己的努力和奋斗，终究成为了著名的建筑学家，与丈夫梁思成比翼齐飞！

林长民和梁启超，这么两个显赫的人物背后，都有一个强大的家族支撑，两个家族都渗透着高贵和智慧的血统。高贵的是头颅，是精神，而延绵不断的是智慧，是德行之光永存。

林徽因和梁思成有一女一子。

女儿梁再冰，早年曾就读于北京大学西语系，后担任新华社记者，曾与丈夫于杭一起先后在英国、澳大利亚和香港作为新华社驻外记者工作多年。

儿子梁从诫，毕业于北京大学历史系，曾任全国政协委员和常委，全国政协人口、资源、环境委员会委员，民间环保组织"自然之友"（中国文化书院·绿色文化分院）创办人、会长。著有文化随笔作品集《不重合的圈》。编辑：《为无告的大自然》、《薪火四代》上下卷、《林徽因文集》两卷本、《中国名人名言》。翻译：英译中《狄德罗百科全书节选本》、《图像中国建筑史》等。

林徽因一生锦绣，林徽因的家人幸福美满！

一个句点，月圆人圆。家和梦，都长长远远！

第二卷
再渡重洋铸芳华

第一章 小大人

中国人喜欢用"言传身教"来侧面印证修养和知识存在的重要性，近朱者赤近墨者黑，就是对这个成语再延伸的体会，这是从千百年来的古训中撷取的经验之谈。

近代历史上，也只有这么一个林徽因，全面、博学、精干、才貌俱佳！用时髦的语言来定位她——复合型的高级知识分子。

怎样的一个家世环境，耳目晕染出这样一个玲珑通透又韧性十足的才女呢？

除了林徽因的家族精神传承，另一个非常重要的原因是，从启蒙，到识字，求学，深造，进而所经历的人生际遇，各种巧合成就了别致有韵而才华卓越的林徽因。

人的一生中，有人说有三个时期最为重要，从能感知世界开始，到稚子，七岁前，这短短的七年时间里，将在某种程度上决定孩子未来的性格、爱好、情商、智商等。先天的培养不亚于后半生的感悟，林徽因能成为民国才女中的佼佼者，她的孩童经历，该有着怎样的不同或有趣呢？

刚出生的林徽因，极逗人爱，即便是女孩，祖母的欢喜和宠爱，也有别于其他人。这个封建社会里的旧式封建家庭，思想还是非常解放的。有一副讨人欢喜的样貌，这是林徽因天生美人胚子的魅力，这样，祖母游氏便将她放在自己房里，环绕膝下，要紧地爱着。幼小稚气的林徽因，娴静温婉的祖母，这一大一小的人儿，天天相对，天天交流，自然，游氏的光华就映照在了林徽因的身上。而游氏不单貌美，能干大方，且女红出色，书法颇有造诣，爱好诗书，是一个如碧芳华的知识女了，这在旧社会极是少见。能看出和感知到，游氏家族倾向于重视男女平等，至少，在家教这一点上是可以印证族人有开放的思想和观念。

祖母是一个受惠于家庭教育的人，那么，在林徽因身上继续这种传承，就是理所当然的事情了。飘香的书墨和浓浓的亲情，让这一对老小十分融洽。其实，天才除了与生俱来的智商，发现、开发、引导才是最重要。林徽因在应该启蒙的阶段，遇到了正确的人和有利的条件，也就顺理成章地完成了幼儿时的心智启迪。这是非常重要的一环，不经意间的质变背后，或许谁也没有注意到这一时期积淀的重要性。

　　灵气和慧气，这是祖母游氏在孙女林徽因身上"引水浇灌"的结果，成就了林徽因的才情并茂和艺术天赋，这些因果自然天成，纤细而敏感，即可一触即发。据说，在一次火车行进中，从太原始发的列车经过榆次时，林徽因无意间瞥了一眼窗外，就下意识地感觉到远处的雨花宫非同凡响，有一种第六感觉不断在作祟，总觉得它与众不同，有说不清的吸引力。后来，经过考察验证后，确是如此。雨花宫是一座建于公元1008年宋代初期的建筑，是古建中简洁结构的重要例证，体现了中国建筑风格由唐到宋的过渡，在建筑史上有着极其特殊的地位。这就是有敏锐触角的林徽因，她的眼光和眼界总是异于常人，思维和感悟力超乎寻常。

　　童年的林徽因，与一群表兄弟表姊妹共同住在一个大院里，这是祖父在杭州的置业。林孝恂在杭州为官，院落的硬件和软件条件自然是不错的。加上林孝恂生性儒雅，所以，这样的家庭布局和陈设都有一定的文人气。成天泡在这样的环境下，为思想的引导和智慧的开发，必然提供了更为有利的条件和发展平台。林孝恂本身的教育理念就非常独特和积极先进，因此，在林长民长期在外的情况下，他和林家人就充当了林徽因的生活和学习导师，奠定了林徽因后来的知识基础和语言能力。

　　林徽因在杭州的幼儿时光是快乐的，天性纯真的她与林家人相处十分融洽，她的落落大方和激昂热情，一度在各种圈子里受到赞誉和欣赏。这或许与林家无拘束的家风有很大的因由关系。林孝恂家有一个特点，就是嫁出去的女儿，回家常住，是在情理之中的事情。以当时的观念和现如今的一些旧俗风气，

"嫁出去的女儿泼出去的水"一般，是不可在娘家长住久待的，这一想法和做法一直在中国家庭观念中根深蒂固地存在着，而林家人是允许女儿回娘家生活的，门风不入俗套，这是能真实感悟到的林家人对儿女的态度，男女较平等。

家贵始于和，家兴源于旺，融融乐乐一家子，枝叶繁茂的庞大着，这就是林孝恂的初衷祈愿和最终愿景吧。

林徽因的大姑母林泽民就长期生活在林家。她是一位真正的大家闺秀，自小接受私塾教育，在父亲林孝恂的教育理念下，熟谙诗词歌赋，精通琴棋书画，算是不可多得的才女。这位姑母只比林徽因父亲林长民长三岁，性情娴雅温婉，是一位知书达理的长辈。林徽因 5 岁时，由大姑母一手启发教育，教书认字，督促学习。姑母的教导与关爱，弥补了林徽因心中的一块空白，既感受到了母性般的温柔和疼爱，同时也在姑母身上体悟到了博学和知性的魅力所在。对于这位大姑母，林家的孩子都特别的喜欢。

后来，林徽因的异母弟弟林暄回忆道："林徽音生长在这个书香家庭，受到严格的教育。父亲不在时，由大姑母督促。大姑母比父亲大三岁，为人忠厚和蔼，对我们姊兄弟亲胜生母。"显然，林泽民对林家孩子的无私爱抚和知识传授，对这个大家庭的影响极为深远。如果没有林孝恂包容女儿可常回家看看常回家住住的心怀，没有林泽民对晚辈们的细心关怀，或许就没有这么一个灿烂美好的林徽因，也就少了一位热爱古建筑的学者，一位浪漫纯净的诗人，一位积极有为的才女。林泽民一定程度上福泽了林家后人。

除了从大姑母身上可追溯到小时候的林徽因以及她成长的经历和趣闻外，各种文献中是鲜有林徽因儿童时期的记载的。林徽因的母亲应该是最直接、最用心的见证者，但是，何雪媛只字不识，没能用文字记录下点滴，就连描述当初的情形都没有语言组织能力，这些故事被岁月的流沙慢慢磨砺成精彩的想象和憧憬。只有林徽因散文里一段关于小时候出"水痘"的小故事提示，我们能依稀感受到不一样的林徽因，以及她的艺术天赋。那段往事大致是这样描述的：

> 儿童都要经历一回的这个疾病，她家乡叫"水珠"。她竟然不像许多儿童那样感受难忍的病痛，却说："当时我很喜欢那美丽的名字，忘却它是一种病，因而也觉到一种神秘的骄傲。只要人过我窗口问问出'水珠'么？我就感到一种荣耀。"一个小小的人儿，面对奇痒难耐的"水痘"时，她不是焦虑和忧愁，或哭泣，而是略带欢欣和自豪地告诉人——"我出水痘了！"

这种骄傲有点像现在的孩子在幼儿园得了一个独一无二的大奖状，回家告诉大人的神情，稍作神秘着的而又"太阳脸"地告诉家人，我有好事了，我得奖被表扬了。牛顿的苹果，在他眼里就不是苹果了，他眼里的苹果落地充满了未知和好奇，这样的兴趣和想象让他发现了万有引力。这就是科学家以及那些艺术家，他们"窗外"中闪烁的晶体和光点，耀眼四射，有时着眼点和想象力近似"痴、疯、呆"地不可思议，正是这样的不同思维和科学实践推动了社会和人类的进步。林徽因的

"幻想",与他人的区别仅仅也就是这么一点点,微乎其微却与众不同,她用艺术的思维和艺术的敏感快乐地来看待生活和事物。这就是别致的林徽因。

林徽因小时候如何的不同凡响,没有留下只字片语的文字。单从后来他与父亲的信件交流中,可以见证一二才华。她缜密的思考,周全的文风,说事道事像模像样,那是她仅仅七八岁的年龄,就开始以祖父林孝恂的名义代笔给远在他乡的父亲交流家中近况,这是非一般小孩能做到的。

1916年,林长民全家才正式迁入北平定居。在政治上尚不稳定的林长民,不想给家庭带来动荡和影响,在这之前便先将家人都安置在天津住下,自己两头跑。而林徽因就像一个小大人,在年幼的弟弟妹妹面前,在自己的母亲和二娘面前,极力周全着家中事务的琐碎。这是林徽因的长处,她其实不喜欢这

左一是林徽因,灵气十足的小佳人

些，但是却因为必须她得义不容辞地参与进来。

迁到了北平后，林徽因开始了正式的求学生涯，进入现代学校接受正规的教育和学习。培华女中是一所教会办的贵族学校，教风严谨，学风蔚然，这对于聪慧而开悟的林徽因来说，学业上路特快。在这里，林徽因开始了英语的起步训练，良好的语言环境为她打牢英文基础提供了很大帮助。林徽因从一个封建的私塾式的家庭教育中跨入朝气洋溢的学习新天地，才情得以更加放开地施展，那些还没被挖掘的内蕴和智慧，随着深入学习一点点地展现出来了。

在父亲远游日本期间，林徽因受到文化思潮的鼓动，澎湃之余便慢慢地整理家中的字画收藏，她将这些物件一一地过目后，一件件地进行分门别类的记载，形成了一套完整的目录检索。这样的事情，她觉得有趣和有意义，是自己爱好和喜欢做的，尽管编撰还不那么完善和周到，却能在其中感悟到林徽因做事的认真态度和工作方法，极富思想性和条理性。她将自己整理书画的事情告诉父亲："徽自信能担任编字画目录，及爹爹归取阅，以为不适用，颇暗惭。"

这种主动的行为和自发的乐趣，形成了林徽因特有的人事处理风格，这点上很难能可贵，与大多贵族小姐的行径截然不同，林徽因的头脑中充满了另一种自我价值的找寻和定位，这就是她的过人之处。

第二章　英伦情

　　林长民赴欧洲考察，按理说，携带女儿林徽因一起去是很自然的事情，但是，这情理之中的正常也有着许多思索的意味。作为长女的林徽因，十五六岁年纪了，少女亭亭玉立，一派出水芙蓉的摇曳之姿。在封建思潮下的旧中国，不管是普通人家，还是达官贵人，这样的岁数，正好是寻找夫婿的好时机。佳人如蓓蕾，清芬自然香。

　　在民国的美女才女中，像陆小曼就是其中的一位才貌双全的人儿，显赫名满的家世，让她早早地找到了生命里的另一半，不久就成为了将军夫人。夫君王赓年轻俊朗，海派留学归来，军界担任要职，一切似乎顺理成章的美满姻缘，但是，就是这么完美的婚姻，又早早地夭折了。在封建社会下的贵族小姐们不乏心理隐疾者，她们的内里的呼声是无从诉说也无法袒露的。

特别是在婚姻选择上，她们大多听从家庭安排，门当户对地过日子就行，又或是一些利益联姻罢了。

林长民没有将自己的女儿过早地送入婚姻的"坟墓"，他的眼中，女儿是一块宝，是他人生价值的另一体现。或许，当时的林徽因，她能与父亲面对面的平等的有观点的对话，这是一种毫无芥蒂的心灵沟通和兴趣交流，倒不是林徽因有什么特别的知识层次或通晓时事，她的过人处在于父亲是父亲，同时又是朋友、师长，他们在一起是对等融洽的。这在今天来说，现代的父母与孩子也难以达到这样的默契程度。这与林家在男女地位上的主张是吻合的，也与林长民曾经留学有着极大关联，观念是新式的，做法是西式的。

林长民决定带着女儿去欧洲考察，他的想法不言而喻。他对林徽因的培养和期盼，不仅仅是希望她做一个高贵的太太，更希望自己的女儿能独立自主，有职业，甚至是事业，单是这点上，就够新潮和前卫了。在民国那样动荡不安的时期，朝夕瞬变的时局中，让林徽因走一条特别的路子，需要一定的勇气，这也是林家人目光深远的地方，总能别具一格地想问题，做事情。

而林徽因是怎么想的，她理解父亲的用意和期望吗？

林长民临行前致信告诉懵懵懂懂的林徽因："我此次远游携汝同行。第一要汝多观察诸国事物增长见识。第二要汝近我身边能领悟我的胸次怀抱。第三要汝暂时离去家庭烦琐生活，俾得扩大眼光，养成将来改良社会的见解与能力。"聪慧过人的林徽因见字如面，多少是能体会到父亲的心思和考虑的，她在心底必然也有了出行的心理准备。

登上法国的 Pauliecat 邮船，是同年四月初。这是林徽因第一次到外面的世界去，也是第一次坐上这样的大邮轮，第一次看到浩渺无垠的大海。飞翔的海鸥，纵目远处，世界辽阔，无边无际的波浪宽阔，一朵一朵的游云如烟漫过，一切美不胜收，而内心是激荡、新鲜而快乐的。

这是一艘开往春天的邮轮，林徽因和父亲林长民已经行进在了春天的航道中。

这是一次特别的父女同行，他们都从零开始，各自都在找寻人生的坐标和未来的方向。只是，林长民是在主动积极地破冰中，而林徽因则是无意识里慢慢休悟。在这极短而又丰富的一年半留洋考察中，林徽因结识了几位特别的挚友，影响了她一生，她与他们情谊相交一生，且行且走一辈子。

五月抵达法国后，林徽因与父亲转道去英国伦敦。他们先暂时入住 Rortland，后租了阿门二十七号民房定居下来。

八月上旬开始，林长民计划了漫游欧洲大陆的行程，他将林徽因引进到当地的风土人情中去，开始了一次有憧憬有意义的旅行。其实，这也是父女俩的一种实地考察学习方法，只是，他们以文人般的触角和艺术的思想去漫走欧洲，便赋予了不一样的谐趣意境。

法国灿烂辉煌的文化，德国满目创伤的战火遗迹，比利时的动物园，意大利的名胜古迹，许多地方都留下了他们的身影。特别是面对湖光山色的瑞士风景，他们更是融入了这种自然的醉美里，痴迷欣喜着。这样的山水交融，丽景如织，勾起了林长民的表达欲望，平时忙于政务，在北平时他少有记录心情，此次游历一番，也算是心情舒畅，一次难得的放松。于是，他在日记中兴趣盎然地写道："罗山名迹，登陆少驻，雨湖烟雾，向晚渐消；夕阳还山，岚气万变。其色青、绿、红、紫，深浅隐现，幻相无穷。积雪峰颠，于叠嶂间时露一二，晶莹如玉。赤者又类玛瑙红也。罗山茶寮，雨后来客绝少。余等憩 Hotelatchardraux 时许……七时归舟，改乘 Simplon，亦一湖畔地名。晚行较迅。云暗如山，霭绿于水，船窗玻璃染作深碧，天际尚有微明。"

父女俩雅兴十足，成了最佳的旅游拍档。林徽因乖巧机灵，林长民诙谐有见地，他们边行边唱，边游边吟，不亦乐乎。一个暂时离开了政治纷扰的不快，一个新鲜好奇地打量这世界，这是一趟完美的有收获的自由行。

以林徽因在中国时的英语水平，要去接轨欧洲还是尚存一定距离。在国外生活，没有良好的语言沟通能力，将成为学习和生活的最大障碍。要在外国好好地待下去，先得掌握语言这个基本技能。林长民自然看得到这个关键点，于是专门为林徽因聘请了一位家教，专门辅导英语知识，攻克语言难关。这位老师叫 Phillips，林长民译作斐理璞，因为其为人忠厚朴实，林长民非常放心地让斐理璞来他们的寓所住下，这也是林徽因在英国接触的第一位外国朋友。斐理璞还带来了女儿，与这一对母女朝夕相处久了，在异国他乡的孤独里，林徽因很自然地喜欢上了她们。斐理璞带着林徽因融入真正的英国人生活中去，让她更快地掌握英语的技巧和方法，在实战中取得更大的收获和更好的经验。

当时，斐理璞的姻亲克柏利经营一家糖果厂，因了这一层的关系，林徽因时常能得到一种叫可可糖的糖果，前后"干掉"不下三箱子的可可糖，"战绩"斐然。可可糖唇齿留香，林徽因非常喜欢这个味道，以致多年以后她常怀想起当初这一刻的甜蜜。此外，林长民还给林徽因请了一位钢琴老师，极力培养女儿的艺术特长。林长民的投资果然奏效，凭借林徽因的悟性和智慧，她从没辜负过父亲的栽培和期望。

在他们结识的人中，有一个叫柏烈特的医生，有五个女儿，这使得林徽因有了机会和这些女孩子相处，她们之间融洽交往，非常欢喜快乐。一次，柏烈特全家准备前往南部海边避暑，便邀请了林徽因偕行。就是这次旅行中，林徽因像一匹撒开蹄子的小马驹，调皮活泼的性子再也关不住了，在这一个月里，她几乎和姑娘们天天一起下海游泳，无拘无束地嬉戏打闹着，特别的畅快。海是蓝蓝的，天是蓝蓝的，小女孩都爱这般蓝蓝的干净的感觉。

这些接触和相交，和外国朋友打成一片，让林徽因很快地进入了状态，英语水平也大大地提高了。

这种自由自在的玩耍，随着林徽因的即将入学而结束。

　　林徽因的调皮、天真、童趣，并不影响她作为父亲社交搭档的形象。林徽因良好的外貌形象，清纯的风格，得体的应对，无疑是为林长民的社交活动增光添彩的，即使在国外，政治上不得志的情况下，林长民也活得如鱼得水般地肆意。在这些聚会交往中，林徽因慢慢走进了一座高高的城堡中，这些骄傲的人物，他们行云流水般地来来往往，让林徽因应接不暇，收获了应酬许多朋友的社交经验。可以说林徽因的好友圈子，一开始层次就非常之高。其间，她认识了旅居国外的留洋精英张奚若、陈西滢、金岳霖、吴经熊、张君劢、聂云台等人，这让她的眼界自然广阔，这是许多京城名媛无法相比的资源优势，林徽因独享之。后来，这些人大多成了"太太的客厅"里的常客，他们之间的友谊就是这个时候缔结的。

　　这众多的名人中，多是文艺文学界或是学术界的精英，这对于林徽因的艺术细胞开发是很有意义和帮助的。这无疑给了她绝佳的平台和绝好的机会，她心中的小火苗如萤火般微微地开始闪烁了，越发亮丽，晶莹。

　　一位高瞻远瞩的父亲，一个多才慧气的女儿，他们的交相辉映，在英国的天空下，自成光芒铺开了。

第三章　初相见

　　欧洲的风情，从初遇见的美好，游历中所见所闻的浪漫情趣，到多彩丰富的风土人情，林徽因陪伴父亲行走在异国他乡，更多地领略到了不一样的世界，不一样的人文，这是她人生境遇中的第一次眼界的改变。外面的世界很精彩，不仅仅是带来视觉的冲击，灵魂的追寻也在悄悄地发生，这可谓一场质变。

　　1920 年 8 月，林徽因以优异的成绩，如愿以偿考取了St. MaryCollege（圣玛丽学院）。凭着开朗的个性特征和聪慧的为人处事，林徽因为自己创造了更为轻松的人事环境，同时，也必然会搭建出一个极为有利的学习环境。在这以后，林徽因的英语水平再次迅速提高，口语更加纯正娴熟，知识结构和知识广度正慢慢地拓宽延伸着。

热闹的聚会，理想的学校，似乎林徽因在英国的生活和学习都有声有色地进行着，她原本就是一个具备了在广阔舞台上自由挥舞水袖的女子。但是，这位离乡背井的少女，其实很多时候是处在孤独寂寞中的。天生的艺术敏感性让林徽因始终站在忙碌繁华的背后，静默着看这世间的一点点空洞在沉沦，罅隙里有乱草纷飞……

林长民是一个热爱事业的人，政治舞台才是他的第一生命力。每当林长民去参加各种会议和聚会，不能在家陪林徽因时，她都虚空而胶着着孤单。一个人在屋子里，身在异乡为异客，难免会生出枝枝丫丫的思乡情节来，尽管那些繁忙丰富的日子打发了许多空挡，其实林徽因心内依然纤细，情怀寂寞难耐。

林长民有一段时间去了欧洲大陆开会，在离开的日子里，林徽因更觉空荡荡的，莫名其妙的辗转反侧。人在天涯，漂泊的无助，玩伴的缺乏，就像一缕缕幽幽浮萍，只能静静地随波逐流下去。这挥不去载不动的乡愁，有时就像一只只小小的蚂蚁，不断地啃噬着她郁蓝色的时光，而她只能在每一天期待阳光的悄悄来临。可是，伦敦总是一个雾霭重重，阴雨绵绵的城市，潮湿浅浅的在蔓延滋生着。

伦敦瓦灰色的天，瓦灰色的日子，就是这么的无以言说。

学习，观察。除开这些平时的功课，林徽因也有打发时间的绝招，她会选择泡上一杯咖啡，安静地独坐在书房中，呼吸伦敦的空气，聆听伦敦的雨，那雨连绵不绝地下着，下着，一直没有停歇的意思，比她心中发霉的无聊更显绵长、湿润。这样的时分，她会摊开英文杂志，择一些心情文字漫无目的地翻阅，慢慢打发掉这闲淡的，和充满着潮湿的苔藓气味的时光。

一个个二十四小时，一轮轮孤单真切上涌，林徽因的忧愁，似一堵灰色的墙垣支撑着她心中的梦。

偶尔，林徽因也出去画画，她最喜欢去剑桥附近写生，同去的还有房东太太。

剑桥周围有许多可以作素描的景致和建筑，这是伦敦人文英才的集散地，有一种古老的气息，涂抹着厚重的底色，这些各具特色的建筑群，在放眼中林林总总而立，林徽因喜欢这一抹独特流彩。

房东太太是一个女建筑师，对于这些有名的，无名的建筑都非常熟悉，她们会谈论起对面的皇家教堂，皇家的学院，以及那些传神的雕塑，散落的大小建筑物。在林徽因眼里和最初的感触中，它们无非是房子，只是庄重好看些而已。然而，经过房东太太专业解读和细致介绍后，林徽因才恍然一醒，原来，这些都是艺术者的建筑，是不可多得的艺术品。她醒悟到，其实建筑不单单是简单的建造房子，这是一门科学的包含艺术性的建造学，是非常复杂而又宏伟的工程。房东太太的无意点拨，让这个时候的林徽因，对建筑艺术升起了朦胧的美好向往，无疑为她日后的选择埋下了厚重的一笔，影响了她一生的职业选择。

这是一个朦朦的在伦敦司空见惯的雾霾日子。但是，就是这一天冥冥之中注定的因缘际会，让城市的天空散发出一种铮亮的色泽。才女林徽因与诗人徐志摩相遇了，他们上演了一出扑朔迷离的爱情故事，剧情就此拉开序幕。

1920 年初冬，林长民租住的公寓，来了两位客人，一位是在英国伦敦经济学院留学的江苏籍学生陈通伯，他旁边的一位高高瘦瘦的，模样俊朗且周身散发着一股子精气神的人，引起了林长民的注意。陈通伯介绍说："这位叫徐志摩，浙江海宁人，正在经济学院读博士学位，一直敬重先生的道德文章和书法艺术，特意慕名拜访。"就这样，徐志摩走进了林长民的视野中。徐志摩是一位很有风采风度的青年人，谈吐学识自不一般，与林长民一拉开话题，便收不住思想的线索，谈论热烈、激昂，两人一见如故，只觉得相见恨晚。慢慢熟络后，林长民与徐志摩都互引为知己，在异国他乡的寂寞、孤独中，潺潺的流水之音，引发了高山共鸣。而此时，林徽因也是在场的，可能因为与林长民初相识，徐志摩还保持着一定的拘谨和约束，所以，他并没有特别地关注在旁的林徽因。中国文人大多懂理守节，在别人家中做客，不会没礼貌的东瞅西望，因此，他们的初相逢印象不太深刻。

第一次相逢，烟雨朦朦，你也朦胧。

如果初相遇是正常的失之交臂，那么随着徐志摩不断地与林长民的深交，林徽因便与这个风趣而文雅的徐志摩熟悉了。彼此一起围坐，林徽因会静静地聆听父亲与徐志摩他们天南海北的侃侃而谈。其实，在林长民身边一直围绕着好些留学的年轻人，他们都极其喜欢与林长民交往，林长民也爱和这些进步青年接触和谈话。林长民非常赏识徐志摩的才气和性情，两人脾气兴趣爱好都很投缘，连林徽因也看到了徐志摩在父亲林长民眼中的不一样。徐志摩来林家的时间，愈发多起来。

每天的下午茶时间，便成了一种固定的沙龙时段。

林徽因欣赏这位忽闪着灵气，语言别致的才子。

那徐志摩呢？在这位面容姣好的少女面前，他闻到了芬芳，看见了美丽，他似乎倾听到了白莲出水时紊乱的心跳，他眼前有一枝洁白初放在盈盈的水中央。

诗人的情感，都是细腻、丰富、敏感的，心中隐匿的许多沉寂的感情因子，企图在时光抵达的某一瞬间完成发酵。林长民呼唤女儿"徽徽"，呼唤得轻轻柔柔的，多么温暖的感觉。在这种暖暖的气氛下，自然很容易产生美丽的情愫，而且林徽因是那么的娇小，玲珑，聪慧，大方。

此时的两个年轻人，也开始谈论各种有趣的事情。林徽因读书非常多，涉猎也广泛，他们谈话的主题丰富，这也是两人能知音般交往的重要前提。徐志摩不庸俗，林徽因特慧气，两人的诗文灵感如星子聚光般慢慢地迸发出来。这时期的徐志摩，开始了真正的诗歌创作，而林徽因的美好就是他创作的源泉。林徽因在徐志摩的感染下，对文学感悟强烈，文学鉴赏力也提高得很快。他们相互切磋，相互砥砺，这样的火热氛围，对于成就诗人来讲，林徽因起着至关重要的引领作用。没有认识徐志摩之前，林徽因巧慧聪明，是一块最完美的璞玉，正是这样的交流机会不断出现，才真正开发了林徽因的所有才华，才有了人们认识的才女林徽因。

不得不说，林徽因最终能成为优秀的女诗人，是因为她遇见了诗人徐志摩。他告诉她，生活就是一首无言的长诗，需要一生去默诵，感悟。因人成诗，因事成诗，因为人需要诗意地栖息。徐志摩带给林徽因的文学启迪，是骨子和血液中的一种穿透和浸入，抵达她最薄弱的生命地带，从而敏感地转化为了诗意无限。林徽因本身就天分十足，她走入文学殿堂只需有人那么轻轻地一拨，就会生出许多涟漪来。

在温暖的壁炉前，一对璧人，他们谈英国，谈英国朦朦的天气。他们谈诗人拜伦、雪莱和济慈。兴致浓厚时，林徽因便用一腔纯正的伦敦音朗诵诗句，她的表达能力非常强，吐息清楚自然，极富感染力，这是她的魅力独特之处。有活泼开朗的性格，有跳跃敏动的思维，有透彻独立的见解，因为她的诵读，每一件作品似乎都有了葱郁的生命力。他们天南海北，他们泛泛而谈，他们在不断交织中产生了一些美好的情愫，越来越浓，特别是徐志摩，他对林徽因的感觉更甚。

林徽因在成长，学识日渐厚增，艺术细胞增多，有多彩的水晶球为她而转动，从此不曾停歇。一日不见君，"妙处难与君说"。

徐志摩说："我想，我以后要做诗人了。徽因，你知道吗？我查过我们家的家谱，从永乐以来，我们家里，没有谁写过一行可供传颂的诗句。我父亲送我出洋留学，是要我将来进入金融界的。徽因，我的最高理想，是想做一个中国的汉密尔顿。可是现在做不成了，和你在一起的时候，我总是想写诗。"

因为一个人改变一生，因为某句话而牵挂一生。因为有些人，注定遇见，不论是情是爱，都是一辈子的牵挂了。友谊长存，一朵云，投射到了谁的心中，濯濯地娉婷绽放！

第四章　定终身

　　1921 年末，游历欧洲，考察归来的林长民父女，抵达了上海。随后梁启超又专门派人迎接林徽因回北平，仍然安排她进入培华女子中学就读。这时的林梁两家，已经基本定下了两个孩子的亲事，只等林徽因和梁思成两个人相处加深了解培养感情，顺理成章地走入婚姻殿堂。这是两个开明的家庭，即使是媒妁之言父母之命，也会让孩子体验到自由恋爱的这个过程，让姻缘更加和谐，美满和稳定。林徽因和梁思成生长在思想解放、文化熏陶的家庭中，是幸运的，幸福的。

　　梁思成与林徽因初识时，林徽因还是娇小的小女孩模样，14 岁的明媚，豆蔻般的青涩鲜妍，满目神采飞扬，似精灵般的活泼着，美好得直抵梁思成的心尖上。梁思成是梁家的大公子，即将步入青年男子的行列，他的气派作风已经非常沉稳，他谦和容易亲近于人，许多人和他都没有距离感。梁思成也是一位学识渊博且幽默情趣的人，少年时的他，与林徽因的第一次相见，他就砰然心动了。有了成年人心理和生理的梁思成，情事上的反应必然比小小年纪的林徽因来得直接和迅速，在他的印象里，这位不谙韵事的小姑娘是可爱的，是他喜欢的。这相隔短短的几年，他们的见面带来什么样的风起波澜呢？

这一年相逢，他们都是心智成熟的人了。

他21岁，年华正盛，一切葱茏；她体态丰盈，宛若出水芙蕖般亭亭而立。

他们开始慢慢地沟通，说见闻，谈喜好，也聊起对未来的憧憬，比如对职业前景的想法和看法。林徽因对梁思成说，在伦敦，她的朋友可以将一座房子的样子，耐心地一点点用手中的水墨彩笔，慢慢地描摹到一个画板上去。她说，这些房子，不是单纯的建筑，是艺术和建筑融为一体的完美境界，它们是灵魂和思想创造出来的结晶体，这种表达形式厚重，深邃。她说自己以后想学习建筑艺术，当时，梁思成对于这个学科还处于懵懵懂懂的想象中。不过，梁思成非常喜欢画画，他认为建筑中需要美术的基础，正好适于他再深造的学科选择。这样的选择正合了他的心意，也合了她的理想，何乐而不为呢？梁思成决定陪着林徽因去美国学习建筑学。他们为之努力着，确定了最后的出行日期。

正当两人抛开一切束缚，即将出国的时候，一场意外阻止了他们的行进步伐。

梁思成出车祸了。

1923 年 5 月 7 日，梁思成带着弟弟梁思永去参加"五七国耻日"游行活动，学生们在大街上扯起了横幅口号，为赶上游行队伍，梁思成和梁思永急急忙忙地骑着摩托车追去，当他们驶过长安街时，被一辆小轿车迎面撞到，顷刻间，摩托车翻倒，梁思成被压在车子下面，而弟弟思永却被抛得老远。车祸后的梁思成躺在地上昏迷不醒，思永还算清醒，赶紧叫了家人来帮忙，当时的梁思成脸色惨白，毫无血色，眼珠一动也不动，这可吓坏了一家子人。还好梁启超一直保持着冷静的头脑，他赶紧催来外科医生，经确认，梁思成骨折了，便即刻送往协和医院救治。仔细检查后，梁思成右腿伤势很严重，一家人伤心无比。要知道，梁思成是长子，他肩负的家庭重任是不一样的，这是中国家庭的传承观念问题，长子是榜样，是顶梁柱。唯一值得庆幸的是梁思永身体无大碍，调理后不久就恢复了，此乃万幸。

说好了一起走，去实现梦想，梁思成的意外事故，让林徽因和他一起留学的梦，短时间泡汤了。更重要的是，梁思成可能会落下终身残疾，林徽因的心会动摇吗？

其实，作为未下聘的儿媳妇，梁夫人是不满意林徽因的。这中间有什么误会呢？

梁思成的受伤，倒成了他与林徽因情感加深的纽带，让本来还有些许摇摆不定的林徽因，坚固了爱情的方向和决心。

塞翁失马焉知非福！梁思成出事后的伤痛，倒一定程度上给他带来了幸福的希望，这次伤，他打心底觉得值了。至少，林徽因天天来陪他，也不顾黄花大闺女的矜持，帮他换洗、喂饭，随时给他讲故事，说笑话，谈外面的时事，在他眼里，这是天赐的机会啊！而在梁思成母亲眼中，这是大大的不合规矩，不守女孩子底线的表现。

梁启超则不这么看，他是见过大风大浪的人，对于年轻人的新派作风，以及林徽因对于儿子的照顾，那是喜上眉梢，他在给女儿的信上说："我也很爱徽因，我已经把他当成我的女儿，一个非常可爱的女儿……老夫的眼力非常不错，徽因将会是我的第二个成功。"这是一个极高极诚恳的评价，梁启超对这个准儿媳充满了希望，也对自己的眼光给予了充分的信任。

经过一年的休养，梁思成好了起来，虽然脚上留下了难以愈合的伤痛，但是，他拥有了一生陪伴的爱人同志，他们的感情迅速升温，巩固了。第二年，两人携手奔赴美国留学，他们在为实现心中的梦想而奋斗着！这一去，便是永恒牵手。

宾夕法尼亚大学创立于18世纪，是美国八所常春藤盟校之一，历史悠久，被公认为全美最好的三所大学之一，与哈佛和斯坦福大学齐名。学校以学术学风浓厚著称，良好的办学理念和办学方针在历任校长的执行下取得了辉煌的成绩，形成了相当的规模和名气。学校学术气氛浓厚，各种思潮活跃，朝气蓬勃。林徽因和梁思成准备报考这所大学的建筑系，与他们同时去美国的，还有梁思成清华大学的同窗好友陈植，他们所选的专业一致，三人常一起进进出出写生、学习。

在进入宾夕法尼亚大学之前，林徽因三人在康奈尔大学学习，这也是美国的一所名校。他们制定好选校的目标后，开始了补习辅导以应对入学考试。林徽因选择了户外写生和高等代数两门课程，梁思成选择了三角、水彩静物和户外写生三门课程。其实，林徽因并没有绘画和制图的基础，她与清华美术社出身的梁思成相比，几乎是"门外汉"，这对于考建筑系来说无疑成了拦路虎。而值得庆幸的是，林徽因是天生有艺术细胞的人，她与生俱来的悟性和独特的见解能力，帮助她很快地掌握了一些要领，并使之显得与众不同，效果明显，这样的领悟力，让辅导老师也赞赏有加。

当他们满怀信心赶往宾夕法尼亚大学参加注册时，校方告诉林徽因，学校建筑系只招收男学生。这消息非常意外，让林徽因不得不做出其他选择。这所大学不收女生的原因是，建筑系的学生经常需要在夜里作图画画，而一个女生深夜待在画室是很不方便的，所以宾大的建筑系一直不收女生。林徽因与梁思成一合计，只能先入校，再想办法。林徽因于是改报了美术专业，同时选修建筑系的主要课程，随时静待变化，她一直没有放弃对于建筑艺术的热爱。

建筑系在一幢小楼里，楼前草地，绿树，到处是风景，美不胜收。这样的环境，林徽因和梁思成非常满意，他们很快投入学习中。特别是梁思成，他秉承了父亲严肃、认真的学风，对待任何一件事或一项工作，都会全力以赴，没有任何人能打乱他的思路。有同学邀请林徽因参加户外野炊，他们都想梁思成也来参加，但是，谁也无法请动这个忘我的人，只好委托林徽因出面。而作为恋人的林徽因，实则也想梁思成同行，一是可以一起玩，二则请动了梁思成，大家也会欢欣雀跃，对她刮目相看。

于是，林徽因便作了一身野外玩耍的装扮，去画室找梁思成。梁思成一抬头看见林徽因，高兴地指着图纸说："徽因，你来看，这柱子已经在多大程度上克服了希腊早期建筑那种大方块式的呆板。柱基和柱顶过梁的一点点改变，就使十分稳固的建筑获得了极优美的仿生物体的动态。你再看这爱奥尼亚柱，柱式多么雅致，线条多么流畅，柱体凹槽的生硬被柱顶的涡卷形装饰大大抵消。"

梁思成正兴头十足中，想与林徽因深入讨论这个作品，却听林徽因在央求自己一同去野炊，并说："我和同学打赌了，你不去我就输了，你忍心让我输掉吗？"梁思成这才注意到林徽因的一身打扮，美丽俏皮，清爽自然。他略微迟疑后道："今天我还有好些事要做，你还是自己去玩吧，下次咱们找个好地方一起出去。"梁思成对林徽因的语言，每次都温柔得让林徽因也说不上抵对的话，她无法撼动他心中对工作的热忱。这也是梁思成一生视事业为重心，视事业为生命的一种体现，他的意志力和恒心坚守得纹丝不动。或许，就是这样的争分夺秒学习，珍惜每一寸光阴和每一次机会，让梁思成在建筑学上有了无比辉煌的建树。林徽因不止一次遇到这样的状况，意料之中，虽难免失望，但她能理解。

爱人的心，需要暖暖地包容，也需要对他（她）的接受和认可，才能长长久久地携手一路走下去。

懂，才是爱人的心！

第五章　芳草心

　　林徽因的聪慧和美好，在宾夕法尼亚大学成了一道美丽的风景线。这可谓是校花的礼遇，走到各处，都众人瞩目。中国女子如果形容其出类拔萃，大不了说某人蕙心兰质，优雅清韵。林徽因则不一样，她是一个全身洋溢着古典丰韵的美人，又能在时尚前卫的美国着一身别致的装扮，其与生俱来的气质和犹有新意的着装，曾风靡大学校园一时。走在黑人聚居的大街，总有四面八方的口哨热烈地响起。这时的林徽因便更加完美优雅地走过大街，徒留一阵清芬若隐若现地飘过。作为男伴的梁思成倒不介意，林徽因受到这样热烈目光的追逐，自己也脸上有光，大多数男人都有一种"占有欲"作祟：看！这是我的未婚妻，她是梁思成的未婚妻。

　　"我曾跟着父亲走遍了欧洲。在旅途中我第一次产生了学习建筑的梦想。现代西方的古典建筑启发了我，使我充满了要带一些回国的欲望。我们需要一种能使建筑物数百年不朽的良好建筑理论。"

林徽因的心，始终在建筑系上打转。她一直努力不懈地学习，在各科学业中都得到了极高的认可，成绩总稳操胜券，偶尔落后一点也是坐在"第二把交椅"上。

林徽因的游艺和交友，并未影响到她的学业，这是难能可贵的，也是林徽因悟性和坚持的结果。我们许多时候只看到了一个人在公众面前的成功一面，而忽略他们背后的学习和成长，以至于惊讶于一些看似不可思议的必然结果。有因则有果，天底下没有一件事不是做出来的，林徽因独辟蹊径的领悟力，或者早已隐匿在了她的才华中，只是我们无法追根溯源它的始于。不过在最终的达到里，那些付出终是能见证和看到的。

宾夕法尼亚大学是一所充满活力的院校，那时正是"包豪斯"建筑思潮在国际建筑学界流行的时代。当时建筑系的两位教授是斯敦凡尔特和保尔·克雷，他们都是欧洲学院派很有影响力的代表人物，学生都非常喜欢他们。克雷在建筑和数学方面都取得了很高的成就，他后来设计了华盛顿泛美联盟大厦、联邦储备局大厦和底特律美术学校，这些漂亮的建筑都曾获得嘉奖，成为他卓越才华的有力证明。学校经常会布置一些别出新裁的作业，让学生去完成：或是为毁损的建筑作修复设计，或是重新设计凯旋门、纪念柱等等。林徽因属于思维奇巧，灵光一动就有奇思怪想的那类学生，她的一张张创作图案，会随时随意随机而来，稿件源源不断地出炉，一些初稿未全，新稿即又设计了，愈积愈高的图纸，会让她慢慢地失去耐心完成，到了最后甚至丢弃了。而颇具耐心的梁思成则将这些半成品稿子，以他精准的，细致的绘画技巧，一一修复成为整齐而清楚的作品。林徽因是兴奋型的创作者，梁思成是稳、精、沉型的创作者，这也是他们在事业上一直合拍和扣手的很重要的原因，性格、做事、为人他们都为互补型的，互为彼此的肩和手。

据林徽因的大学档案记载，自 1926 年春季学期开始，她已经成为建筑系教授的助理，在下学期时当上了建筑设计课的辅导员。林徽因是一直在美术系的，而建筑系不招收女生的校规是如何被这么一个女子打破的，我们不得而知，也没有注脚显示。名校多规矩，一个普通的留学生，能让学校为她破戒改规矩，实属很有震撼力的事情，但是结果表明，她做到了，如愿以偿地开始了自己的理想和追寻，而她立志建筑艺术事业，为之奉献的宏愿也更加坚定了！

她开始和梁思成肩并肩地学习，他们智慧的火花互为闪烁、辉映，在初放中"无懈可击"地优秀着。

在大学时，梁思成还做了一件非常完美的作品。让教授赞叹不已，足以以假乱真。

他用了一个现代的圆玻璃镜面镶嵌在仿古铜镜里合成，铜镜正中刻上了两个云冈石窟中的飞天浮雕，飞天的外围是一圈卷草饰，与飞天组合成完美的圆形图案，图案中间刻着：徽因自鉴之用民国十七年元旦思成自镌并铸喻其晶莹不珏也。这是梁思成别出新裁的手艺。他对林徽因说："做好以后，我拿去让美术系研究东方美术史的教授鉴定这个镜子的年代，他不懂中文，翻过来正过去看了半天，说从来没见过这么厚的铜镜，从图案看，好像是北魏的，可这上面的文字又不像，最后我告诉教授，这是我的手艺。"林徽因除了惊叹"这件假古董简直可以乱真啦"，更多的是满心欢欣。这件艺术品是为她而做，意义就别样了。这一份珍贵的礼物，虽算不上定情之物，但是，可以肯定是梁思成爱之声的载体。

聪慧和天赋过人的林徽因，用了 3 年时间获得了美术学士学位。这是一件非常了不起的事情。热衷于交往和活动的林徽因，学玩两不误，在学业上取得骄人的成绩，在社会上也有出色的影响力。她成为宾夕法尼亚大学中国留学生会社会委员会的委员，参与一些社团性质和社会性质的事务和活动，这些活动让她积累了良好的组织能力和人事交往技巧。林徽因似乎有着"水晶球"般的聚合力，不管在哪儿，总能得到聚光灯般的投射，闪耀、绽放自然的光芒。她一直是生活在以自己为中心的世界里，而紧紧围绕着她的"星宿"一颗比一颗闪亮。他们是心悦诚服的跟进，只为一种诚实的相对，真实地活着一回。

在公众视野里，林徽因第一件成熟的作品，是在大学生圣诞卡设计竞赛中获奖的一幅圣母像。那是用点彩技法绘制的一幅图，颇有中世纪欧洲圣母像的苍古韵色感，这件珍贵的文物至今保存在该校的档案馆中。

自古好事两难全。出国留洋的林徽因和梁思成，在美国学业期间，都遭遇了痛失亲人的悲痛。梁思成的母亲，在他们出国不久，因乳癌病情急速恶化，未能再见长子一面就与世长辞了。其实，在梁思成与林徽因出国前夕，梁思成母亲李惠仙的病情已经复发，强忍着伤痛和离情，母亲送行了自己的孩子。她或深知，这是母子最后的缘分，但作为母亲，为了儿子的前途，她选择义无反顾地放他去飞，这一去竟终成诀别。而远在彼岸的梁思成，尽孝无能，送终亦无能，该是多么地难以承受！重山万里的阻隔，望断天涯路，何时是归期？唯有将此化为一身力量，学有所成报答亲人、祖国，于是梁思成怀着深重的爱与哀，投入到了生命的厚重塑造中去，一生不曾改变。

留学的第二年冬，一个更大的打击，来自于林徽因的家庭变故。

林长民遭遇流弹袭击身亡的噩耗传到美国。

先是梁启超来信给梁思成。梁启超以一个长辈，一个父亲的身份叫梁思成代为转告林徽因："林叔的女儿，就是我的女儿，何况更加以你们两个的关系。我从今以后，把她和思庄一样的看待。"他还写道："她要鼓起勇气，发挥她的天才，完成她的学问，将来和你共同努力，替中国艺术界有点贡献，才不愧为林叔叔的好孩子。"

林长民的突然离世，让林家人措手不及，惊愕了，他们很难承受家庭主心骨地离去，这对林家打击实在大。林长民有两房妻子，林徽因是长女，还在学业中，尚不能独立工作和生活，还不具备挑起一个大家庭生活的重担。而林长民仅留下三百余元现钱，一家人的经济来源也随着他的离世而彻底掐断，还有那么多未成年的孩子需要养育，该怎么办？梁启超曾致信张国淦说："彼身后不名一文，孀稚满堂，饘粥且无以给，非借赈金稍微接济，势且立濒冻馁。"为此，他多方设法筹集赈款，成立了"抚养遗族评议会"，但集资有限，也就不了了之了。人们常说，林子再大，一旦大树倒了，那些曾一起栖息的鸟兽，比谁都跑得快，离得远，深怕殃及池鱼，祸及自家。这就是人性，社会，世间！如此真实、现实。

失去父亲的林徽因，可想而知这沉痛的打击。林长民是长辈，他更是林徽因的知音和一个优秀的灵魂导师。在林徽因的心里，林长民宛若一盏灯塔，航行中遇到迷茫时，也能寻到方向和出口。一下子灯塔灭了，她在茫茫渺渺的大海上，该怎么前行呢？

遭此巨变的林徽因，先是想马上回国，而后是想打工一年供养自己学费，因为她考取的是半公半私的留学指标，生活和一部分学费需要自己凑齐解决。但最终她的这些考虑，都被驳回了：一是母亲不同意她回去，二是梁启超也不同意她回去，梁启超说无外乎多供养一个女儿读书，这女儿他又是那么地爱着。

林徽因骨子里是一个坚决的人，从不受人之恩惠，林家人骨子里一直有这样的硬骨，从祖父开始，都是资助于人，被资助，还是第一遭的感受。这就是林徽因难为情的地方，让她低下头颜去乞怜，她不想，更不会去做。但，梁启超是什么人？

他是她未来的公公，林长民一生的战友。更重要的是，在梁启超眼里，他看到了一位优秀的女子在成长，他除了私心的将她作了儿媳妇、女儿看待外，他更觉得她林徽因今后必成大器！这就是梁启超，梁公的独具慧眼，鲜有人比。

为了让林徽因安心，梁启超还亲自给林徽因去了一封长信，劝导和安慰她，好好学业，他会为她打理好一切。

紧接着，梁启超就开始着手兑现这些承诺，他致信问梁思成："林徽因留学费用还能支撑多少时间，嘱他立刻回告，以便筹款及时寄到。"当时，梁家经济也日趋困难，梁启超开始准备启用股票利息解救燃眉之急，"只好对付一天是一天，明年再说明年的话"。可想而知，他对林徽因的爱护，甚至超过了对子女的细心，他生怕她受困于梁家这种资助的不安中。实则林徽因却有这样的敏感和脆弱，她在无时无刻不提醒着自己要好好地将学业完成，不辜负了这份情，也圆一生的理想。

在林徽因的引导下，在梁思成的热爱中，在他们合拍的新意里，这对留学建筑学的新锐人才，完美地完成了建筑学业的攻读，将这一个领域的知识和精髓带回了祖国，最终成为中国建筑学的奠基人和开拓者。

此外，林徽因的广泛爱好，由于她在大学时喜欢上了舞台设计，于是，她成为第一个在国外学习舞台设计的中国学生。在宾夕法尼亚大学三年打下的深厚美术功底，加上纯粹的艺术的悟性，以及话剧表演经验，林徽因对舞台的布局有着不一样的感悟，对空间、视角、灯光、营造都有着自己的理解和看法，她善于用自己的思维和角度去诠释另一种风格，这也是她与众不同的地方。对此，她的教授帕克很是欣赏她。学习舞台设计只是林徽因的一个情趣爱好，她始终将建筑学作为自己的最终梦想，从不曾改变。

新的征程即将启航，好事临近，这一对璧人，情感多考验，前前后后十年光阴，少年磨砺成了英才，他们才彼此挽起了手臂，步入幸福的雀巢。

第三卷
半生风雨半生勤

第一章　东北行

　　欧洲可谓是建筑之都，太多的艺术殿堂令人向往和探索，特别是对艺术爱好、痴迷的专业人士来说，诱惑力极强。周游欧洲，感受建筑的伟大，林徽因和梁思成确实不敢多想，他们一直靠梁启超支持供养着留学，根本没有这么一笔经费满足考察的愿望。但是，梁启超早早地替他们想到了。

　　梁思成和林徽因大婚后，梁启超为儿子和儿媳设计了一条游艺欧洲的经典路线，凭借他之前出游欧洲的经历和对各国风土人情以及现实稳定格局的考虑，他致信给两个孩子：

　　"我替你们打算，到英国后折往瑞典、挪威一行，因北欧极有特色，市政亦极严整有新意，（新造之市，建筑上最有意思者为南美诸国，可惜力量不能供此游，次则北欧特可观。）必须一往。由是入德国，除几个古都外，莱茵河畔著名堡垒最好能参观一二，回头折入瑞士看些天然之美，再入意大利，多耽搁些日子，把文艺复兴时代的美，彻底研究了解。最后便回到法国，在玛赛上船，（到西班牙也好，刘子楷在那里当公使，招待极方便，中世及近世初期的欧洲文化实以西班牙为中心。）中间最好能腾出点时间到土耳其一行，看看回教的建筑和美术，附带着看看土耳其革命后政治。"

同时，梁启超要求儿子：

"我盼望你每日有详细日记，将所看的东西留个影象（凡得意的东西都留他一张照片），可以回来供系统研究的资料。若日记能稍带文学的审美的性质回来，我替你校阅后，可以出版。"

老人的心思细腻而周到，每一个细节都考虑得无微不至。后来参观的，并没见到过多的有关这次欧洲之行的文字记载，即可感知，新婚燕尔的两个年轻人，许是沉浸在初婚的甜蜜中，顾不上记住梁启超的叮嘱了。忙于欣赏和快乐，未在记录上下功夫，很是遗憾，这一段最美丽的经历和沉甸甸的收获没有可考的资料。

林徽因是第二次游历欧洲，此刻她心中的雀跃可想而知，她可以作导游为梁思成讲解，叙述，特别有成就感。他们一路拍照，即使文字不多，但还是留下了一些珍贵的照片。

这次欧洲行，林徽因后来对自己的学生关肇邺吐露过当年的怀想，她回忆起参观西班牙阿尔罕布拉宫时的情景，对心境进行了描绘，由此见得她对这次游历印象特别深刻。

欧洲行还没有结束，梁思成和林徽因收到国内梁启超的急电，催促他们尽早回去，说东北大学已经确定要聘请他们担任教职。这刚刚毕业的二人，人还未归国，为何就有这样的机遇呢？

说来，这并不是梁启超本人的初衷。最初的时候，梁启超本打算将孩子安置在清华大学任教。他托了清华的校长，请求可否在清华增设建筑图案讲座，这样，梁思成可以留在北京任教。校长的回复较为勉强，说他不能独自做主，需要学校评议会投票通过。与此同时，刚刚成立的东北大学急需建筑专业人才。

东北大学成立于 1923 年，前身是国立沈阳高等师范学校和公立沈阳文科专科学校，张学良任校长。学校在文、法、理、工系的基础上成立了文学院、法学院、理学院和工学院。其中，工学院创建了国内的第一个建筑系，开创了建筑学历史上的一个先河。学校的雄厚背景，让其有底气可以大胆的任用人才，选拔人才，各个学院引进了许多优秀进步的青年担任教员。但是在挑选建筑系教员时，学校犯难了，因为是全国创新的专业，那么这样的人才便稀有奇缺，本来学校是有意于宾夕法尼亚大学建筑系毕业的杨廷宝任系主任，而杨廷宝已经签约了一家公司，不能赴邀。遗憾之际，杨廷宝想到即将毕业的师弟梁思成，便向校方极力推荐，这样，梁思成便寻得了这么好的一个机会。梁启超再三权衡后，觉得这次机遇实属难得，虽然离京远些，但是专业对口。况且，成婚后的梁思成，除了必须养活自己，还得做林徽因及其母亲何雪媛的坚强后盾，义不容辞对她们今后的一切负责到底，他重任在肩，这是无形中的鞭策，梁启超不得不替梁思成先谋划一个稳定的职业，伺机再寻求更好的机会。梁启超一向目光如炬，高瞻远瞩思虑问题。

虽然欧洲行程没有走完，但是，对于梁思成和林徽因来说，收获也颇丰了。欧洲建筑多元雄浑，华丽瑰美，古典多韵，许多殿堂级的建筑作品，让他们目不暇接，对建筑学的热爱更为激荡，决心也更坚决，他们坚信自己一定会让中国建筑学更加有魅力、更辉煌。他们游历了圣保罗大教堂、布莱顿皇家别墅、英国议会大厦、海德公园的水晶宫、巴黎圣母院、卢浮宫等等。在美丽的香榭丽大街上，他们在清扬、浪漫的光影里，彼此挽起手，林徽因裙裾飞扬，梁思成感受到了春天般的炽热，他们在爱河里徜徉。

可以想象，让两个热情似火的人，每天静下来写游历日记，确实困难。梁启超在病榻上时时刻刻盼望能收到两人从欧洲各地邮寄的明信片，这小小的要求，似乎都不是那么如愿，这对他很是遗憾。

回到北平的一对新人，得到了梁家上下的亲昵，为他们举办的大婚仪式，各方满意，梁启超也甚为安心。

婚后，两个人开始为将来的生计打算，毕竟，东北大学的265元的月薪还是需要付出才能得到的，况且建筑系在中国是崭新的专业，筹备和组建工作急需展开。于是，不久，梁思成便先行赶往东北，开始了教学生涯的第一场大战，史无前例地建设中国第一个专业的建筑系。而林徽因则南下，去了老家福建迎接自己的母亲北上。林徽因没有回过自己的故乡，对于老家的大院，心中自然无烙印，何况此刻这幢房子的姓氏早已易主了。林徽因便去了父亲创办的福建法政专门学校，并为两所中学校分别作了"建筑与文学"、"园林建筑艺术"的讲演。这是林徽因唯一的一次去福建，也是最后一次。她是福建才女，孕育她成长的山水，却是吴越地区的灵气福祉。林徽因为叔叔林天民设计的东街文艺剧场是她留给故乡的唯一建筑遗迹，可惜如今也已拆除，了无痕迹。

建筑系说是一个系，其实就两个教员，一个班级。这是初期的教学规模。

一切都是新鲜的，办学状况也是没有底的。先是教科书的选用，国内肯定是没有这样的专业教材，而外国教材未必适用这些刚接触此专业的学生，因此，梁思成和林徽因只能自己想办法制定一套教学方案和编写教材。他们就将自己在留学时所学到的专业知识分出绘图、设计、建筑学、美学等学科，细细地教授给学生。梁思成是系主任，教授建筑设计和建筑史等课程。林徽因是教授，负责美术装饰史和专业英文课。

作为新兴学科，学生们都没有一个大体概念，更别谈什么是建筑学。林徽因和梁思成便有意识地从兴趣培养开始做起，引导学生们的爱好。他们不但讲授专业基础和知识，还增添了哲学、文艺、音乐、体育等大家感兴趣的学科知识，这是非常好的教学理念。视野的开阔，能激发学生们学习的热情，更重要的是建筑学需要艺术的根底修养，这是学业有成的不二途径。梁思成和林徽因都是这几方面的佼佼者，由他们讲授出来，别具一种特色和魅力。梁思成对学生们说："建筑是人类文化的历史，要成为优秀的建筑师，要有哲学家的头脑、社会学家的眼光、工程师的精确与实践、心理学家的敏感和文学家的洞察力。"只有具备这样素质的人才，才是真正的建筑学人才。艺术是修养，艺术是品味，这样"温火慢慢熬出来"的学生，德智体美劳全面发展应是无疑的了。

学校的艰辛可想而知，两个人的教学备课、辅导量不是一般的大，对于两个身体状况不是太好的人来说，更是一件困苦的事情。但是，他们却朝气蓬勃着不觉得累，更多的热情和憧憬一直激励着梁思成和林徽因前行。

刚到东北大学不久，梁思成对林徽因说："拉斯金的演讲词中说：'真正的妻子，她无论走到什么地方，家便围绕着她出现在什么地方。'对于我来说，你就是我的中心，你在哪里，我就要跟随着你去哪里，你在哪儿，我们的家就在哪儿。你就像是我的心灯，让我再也不是孤单一个人面对黑夜了。"林徽因除了一种温暖和感动，更笑着说丈夫："你应该去做个诗人！"对于这个男人来说，两人绑在一起了，无论如何，面前的困难都需要一起手挽手、肩并肩地去克服，别无选择和退路。

学生们对于两位年轻教授的德行智慧，无不敬佩，这成了林徽因和梁思成顺利教学的基础。付出与收获，兼顾着前行，动力不断，浇灌着一批好苗子，最终成为了这一领域的践行者，贴着"中国制造"标签的建筑学家。这是多么令人自豪和骄傲的先行开拓，梁思成、林徽因，他们终于做到了！

第二章　梁再冰

　　沈阳的冬天，典型的北方气候，一进入这个时期，夜间便格外地漫长而寒冷。相对于其他地区，人们更早地感受到了寒风凛冽的提前到达。

　　林徽因和梁思成都是偏瘦小的人，从建筑系的筹建，到成立，再到两个人包揽全部的教学任务，可想而知的工作量，对于两个单薄的身子来说，是极大的考验。另一方面，学生们又特别黏这两位充满活力、有精神能量和学识见地的老师，慢慢地熟悉后，时常下了课，晚上索性直接跟到老师家去，继续探讨些问题。平时梁思成和林徽因的教学，或许因与学生年龄相差不大的缘故，从方式、语言、知识结构上，都能引起学生们的共鸣。他们从学生的认识上下功夫，不断输送建筑艺术这个概念是什么，不是简单的、单纯的造房子，而是建筑、美学、音乐、教义、技术、构图等众多智慧和创新的结晶，这些新鲜知识的不断灌输和引导，加上他们在教学上中外古今的旁征博引，无不彰显着这门学科纷繁的趣味性和广博的知识性，使得学生们在潜移默化中形成了多角度的思维。于是，他们越来越喜欢抒发自己的所思所想，敢于发表见解。

这样，林徽因和梁思成的小家，一时间便成了大家的小教室，亢奋的学生们，与这两位老师一起近距离学习和讨论也不知疲倦，常常一坐下就是几个小时。夫妻二人除了疲倦，更多的是欣慰。教学之余，便是成堆的作业需要批改，白天学校上课，晚上灯光下一份份地阅读学生的成果，两人熬夜成了家常便饭。梁思成很心疼林徽因，知道林徽因的做事习惯和风格，于是假装狠狠地对她说一番："不睡觉，不休息好，哪来给学生讲课的精神，小心长皱纹。"林徽因也是小女子，小女子都渴望丈夫对自己疼爱有加，细心爱护，这不算虚荣心，只是简单的幸福的欲望而已。所以，这时的林徽因总是甜蜜的，她通常是先给梁思成沏好一杯茶，然后满足地睡去。这点滴入微的眷爱，梁思成总是做得不声不响，这个心中有爱，做事有分寸的男人，总让林徽因感受到无尽的包容和宽广的胸怀，而这种宠爱也伴随了她的一生。

正当两人甩开膀子做事业的时候，一个急骤的来电，带来了不幸的消息，两人来不及思量悲伤，安排好学校事务后，急匆匆地赶回了北平。梁启超病危，突如其来的打击，让这对小夫妻难以抑制心中的痛。梁思成是梁家大公子，是梁家的顶梁柱，而林徽因是梁启超亲自遴选的儿媳妇，他一路扶持林徽因，给予了她父亲般的温暖和导师般的引领，梁启超其实就是林徽因的另一个精神导师，慢慢地引导林徽因走向最完美的生命路径，虽然他的作用看似不显山不露水，但却极为关键！

梁启超病重，梁家充满了哀婉气氛，由于主刀医生的粗心大意，误将梁启超的左肾脏摘除，原本还能康复的梁公，在这次手术大失误后，就是坐等时日的问题了。虽然大家都明白这个道理，但是，真正发生在眼前的时候又都不愿意相信。老人瘦得不成样子，躺在床上，躯体枯槁，形容大变，已经失去早日的精神和华彩，时光分分秒秒争先恐后地从他的体内流逝，光阴笼罩的沉下，在罅隙中若隐若现……

老人见到儿子和儿媳赶回来，内心安慰，反而用一笑来化解这两个孩子的伤痛。梁家的子女，许多在国外，要回到国内，尚需时日。这段时间，梁思成和林徽因日夜守在老人身旁，悉心温暖地照料着老父亲。在走向生命的尽头的日子里，梁启超有最为心爱、最为心疼的两个孩子陪伴，这是他毕生最幸福的时刻了。这位曾经意气风发，用思想和行为影响中国一个时代的老人，含笑走完了他的一生。

1929 年 1 月 19 日，梁启超离世，享年 57 岁。

梁启超去了，与此同时也有一个新生命孕育着，即将降临梁家。这一悲一喜，人间轮回，就这么简单，匆匆复匆匆。林徽因这时已经有孕在身，她忍着无比的伤痛，一直坚持和梁思成一起料理完公公的后事。由于梁启超的巨大成就和影响力，各界的吊唁活动形式很多，参与的人士也众多。美国史学期刊

《美国历史评论》也刊发了文章：

"就是这个年轻人，以非凡的精神活力和自成一格的文风，赢得全中国知识界领袖的头衔，并保留它一直到去世。表现在他的文风和他的思想里的这种能够跟上时代变迁的才华，可以说是由于他严格执行自己常常对人引用的格言：切勿犹疑以今日之我宣判昨日之我。"

父亲去世，作为长子，除了料理悼唁的现场，父亲安放地的选择，墓碑的设计，梁思成都得认真细致地思考和落实，以专业的角度和眼光完美做好。林徽因和梁思成怎样都没有想到，回国后的第一件建筑作品，竟然是父亲梁启超的墓碑，这种活生生的情感割疼，是无法用常人的感悟来体悟的。

墓碑高二米八，宽一米七。墓体、碑体统一采用大理石。形状呈中国传统墓碑的榫头几何状，也不乏现代元素的契合，具有不一样的内蕴风格。墓碑正面刻着"先考任公府君暨李夫人墓"，背面是九个子女的名字。古朴稳沉，庄严大气。梁启超一生的精神精髓，无不彰显在这一亩几寸地上了。

老人已故，后辈能做到的无非让他入土为安。梁启超著书一辈子，墓碑上却没有只字片语留下。

半年后，林徽因和梁思成的第一个孩子出世，他们忘不了这位老人，他是至亲挚爱的长辈，他曾经柔怀家国天下，他那么地胸襟开阔。他们的女儿后来取名"梁再冰"，因梁启超的书房名"饮冰室"，他的著作题名《饮冰室文集》。梁家人不忘本，不忘根，不忘代代传承梁启超的精神，追寻隽永。

初春，沈阳依旧寒冷彻骨，冰封山河。梁思成和林徽因的心底，结成的霜花，一直泛着晶莹。他们又回到了这个地方，继续他们的事业和人生羁旅。这是一场很彻底的变故，梁思成的担子更重了，似乎，男人在该拔高的时候，脊梁就该立立地挺起。可是，经过打击后的梁思成，以及有身孕的林徽因，两人的身体在短短几个月中，遭受的折磨考验，非同一般。林徽因体弱多病，梁思成本不是一个健壮的人，体质在车祸后更是大打折扣。回到学校，感冒，没胃口，不适应，一切不适似乎都围绕着他们转。怀孕的林徽因更是迅速瘦了一圈下去，这些都没能动摇她坚持上课的决心，她说："站在讲台上，面对着我的学生，我才能暂时忘掉身体的不适。"或许，一旦站在了学生面前，站在了讲台上，林徽因的责任感以及上课的认真，真可以淡化一些她低落难受的情绪，这真是她的心理感触。但是，梁思成则不这么想，一大一小，现在是两个人，林徽因的身体随时牵扯着他的神经，有时他巴不得自己为她承受这些疼痛。他唯一能做的就是劝妻子多安静修养，上床静卧。但林徽因舍不得，这是她一生的梦想，况且，如果自己不上课，总会有人替她上，这人就是自己的丈夫梁思成。如今，梁思成的工作量达到极限不说，他的身体也存在愈加变差的危险，她怎么能眼睁睁地看着他独自忙碌，辛苦？

还好，新学期，建筑系迎来了几位海归教员，他们都是梁思成和林徽因留学时的同学，其中一位就是从清华大学随梁思成一同出国的陈植，还有另外两位同学童寯和蔡芳荫。建筑系的新鲜血液，增加的三位得力干将，如冬季大补，让本来暗自"叫苦不迭"的夫妻二人脸上一下子有了血色，他们底气足了，心情也好了起来。他们本是一起的知心人，再次相聚且共事，无不欣欣雀跃，劲头更足，于是，各种教学灵感不时涌现，并一一落实到实践中。慢慢地，建筑系越来越上台阶，工作气氛热烈而和谐。几位年轻人精力充沛，考虑着如何将知识变为动能，转化为成果和实践，就这样，"梁、陈、童、蔡建筑事务所"挂牌了。这个事务所虽然没有林徽因的名字，梁思成挂了姓氏了，妻子肯定是不必再"锦上添花"，但是，她却是不可或缺的得力干将。

这是一个试验基地，既能实现这群青年的热血抱负，又能通过事务所的案列，以模板的形式，再现到教材中，理论和实践巧妙结合，足可以成为活泛的教学例子。

几个人摩拳擦掌，开始了新的尝试。第一单生意便承接了为吉林大学设计校舍的大工程。他们各自心里都明白，这将会是他们的模板工程，好与坏，关系到名声能否打响，加之他们从未有过真正的设计到施工成型的实践过程，所以人人都既紧张又亢奋，想一举拿下这个工程的质量和名气。工程完工时，一张张图纸闪烁成一幢幢实在楼宇，热血理想实现，终于等到了这一刻的欢呼，他们彼此忘情地紧紧相拥着。

事务所如愿以偿地一单接着一单得以正常运作，这打响的名号起到了大作用。一些有权势的官宦人家，追求的格调，正是事务所这群小青年可以赋予的内涵，他们的设计理念，中西合璧，融合贯通，非常适合流行的市场需求。不得不说，他们极富眼光。其中，林徽因与梁思成参照沈阳古建筑风格设计的郊区公园肖何园，得到了广泛的好评。这些成绩和反应，更加坚定了他们的发展信念。

林徽因设计的东北大学老校徽

其间，林徽因独立设计的一件作品，让学生们过目不忘，他们都不会忘记东北大学的这一枚校徽。1929 年，张学良悬赏 800 银元征集东北大学校徽的设计方案，在众多的作品中，林徽因设计的以白山黑水为图案的作品获得了头奖。配合着赵元任创作的校歌"白山高高，黑水滚滚，由此山川之危利，故生民质朴而雄豪"的激扬旋律，更加凸显了这所大学的精神气质，因为注入了学校灵魂和人文风貌，所以成为一种经典被传颂。

林徽因在东北大学小试牛刀，对丰硕的收获充满了愉悦，对前景未来有了更高的渴望，不仅仅是因为作品面世的缘故，更重要的是建筑事业即将有后来人，他们亲自栽培的"好苗子"、"中国牌"建筑师即将问世了，这是何等的幸福和荣耀啊！

第三章　回北平

　　在美国宾夕法尼亚大学，梁思成和林徽学的建筑理论和践行的建筑设计等，基本都是西方的风格和特点，对于中华上下五千年的建筑史，从国内才兴办建筑系可以得知，底子是非常薄的，如若作为一项科学研究来对待，就是首创，开先河，这是一个空白点。这个盲点一直是两人心中的一块病根，难以消化。梁思成和林徽因还在美国留学时，梁启超为两个孩子寄去了一本名为《营造法式》的古籍，是国内新发现的宋代李诫所著的中国建筑史。这本书无疑是一注兴奋剂，刺激了他们对中国古建筑的研究兴趣和无限神往，在当时宛若春雨似地植入了两人的心田，就此树立了他们未来的研究对象。这是一个心理启程至关重要的一个节点。

　　回国后，两人忙于工作，忙于家庭的突发事情处理，一直未腾出时间真正地去认真研究中国的建筑史学。其实到了沈阳后，他们生活在一个古建筑群中，古韵气息已相当明显。特别是清代的皇室陵寝，在这里集中度好，非常值得研究和利于考察。这难得的机会，林徽因和梁思成一直紧紧地把握着，只要有些课余空隙，两人便四处考察学习。有一张他们测绘北陵时的照片，夫妻俩一左一右爬在石兽的两侧，正在专注地细致地研究这斑驳建筑背后的故事和厚度，一点一线的走向，一棱一角的布局，或许都有未曾发现的建筑学秘密或特色。学以致用，书本是老师，实践得真知，才能印证所学所悟。这是林徽因和丈夫梁思成挖掘和研究古建筑的开始，从此后，两人对于这项工作乐此不彼，一发不可收拾。两人携手走过了 15 个省份的200 多个县市，去探秘中国古建筑文化的深邃和博大，这对于身体一向不是特别好的林徽因来说，更是一种巨大考验。

工作量的繁重，加上刚做了母亲，林徽因的体质越发虚弱。

北方不比江南水乡的云雨围绕，空气湿润。这里偏于干燥，气候又偏寒，林徽因感染了肺结核，这意料之外的突发情况，无疑是一件大事。一切工作不得不停下。1930 年冬天，林徽因回到了北平疗养治病。此刻到京的夫妻二人，在朋友眼里都是变了形的人儿，徐志摩说他们瘦得似一对猴儿，可想而知这两人枯槁的状态。都是瘦小的人，又都劳累成疾，面相和身体都不是一般的差，谁见了都心疼。况且林徽因还一身病痛回来。

第二年，梁思成辞去了东北大学的教职，回到了北平。他的继任者是一起留洋的同学童寯，一个东北人。

辞去这个自己一手组建的建筑系工作，两人委实舍不得，但又无法不舍得。其一是林徽因因身体原因，已经无法继续在东北大学担任任何教学任务了。其二是东北形势非常紧张，变数不定。他们在东北大学时，常常会遇到一些不安全的困扰，比如社会治安问题。他们住在郊区，土匪常常会深更半夜穿过他们的住宅地进城。每当夜晚时，家家户户都不敢轻易亮灯，冷不防就有彪形大汉从窗下打马经过，空气紧张得几乎令人窒息。但是，在林徽因看来，似乎这些身手矫健，着衣穿扮很是奇特的人物倒成了一种神秘的再现，像极了她心中的一幕小说剧，她用特别的眼光看一些特别的现象，这就是艺术家的心理和着眼点，这就是不同的林徽因，同她出痘时的思维一个模样，总看到人事的另一面特殊和特点。

当然，不安全的真实原因源于日本人的蠢蠢欲动，他们侵略中国的野心已明目张胆地暴露，沈阳已经不安全了。作为教师，没有了安定，没有了一分地的教课地盘，无疑就等于牧羊人没有了羊鞭。在这个节骨眼上，正好在北平的有心人抛出了橄榄枝，这让林徽因夫妇有了返回北平的决定。

机会，是给有准备和有才学的人的，只是时辰早晚的问题。梁启超的"曲线就业"方针，放行孩子们去东北任教，其实是非常接地气也非常明智的做法。

北平新建立了一个叫营造学社的团体，力邀梁思成和林徽因加盟。而这个社团的宗旨和方向是研究建筑文献学术，重于建筑的践行工作，也非常符合他们的心境和追寻，在一定程度上，因为有了这个平台，林徽因和梁思成的真正实力和才华得以全面的展示，同时也为中国古建筑的研究挖掘开启了新的里程碑。

这个社团建立于 1929 年，由曾官至国务总理，与赵秉钧、陈宦、梁士诒一起拥戴袁世凯复辟，总揽登基大典事务的大官僚朱启钤自费创办。创办的出发点其实很简单，着实是一种因缘际会。

当初，朱启钤在主持修建中山公园时，便对古建筑学产生了浓厚的兴趣。又在偶然间在江南图书馆发现了宋代李诫的《营造法式》古籍，梁启超寄给美国留学的梁思成和林徽因的《营造法式》就是该版本。这位纵横官场的人物，自此后下定决心倾注毕生精力和财力，组织古建筑的研究工作。他为此撰写了《中国营造学社缘起》，提到"方今世界大同，物质演进。兹事体大，非依科学之眼光，作有系统之研究，不能与世界学术名家公开讨论"的看法和理论。

华夏几千年，许多精粹可以繁衍生息，而古建筑是不可复制的绝版，如果不加以研究和保护，越来越多的文化遗产将会慢慢地消失殆尽，这是一笔无法估量的损失，绝非危言耸听。所以，朱启钤兴建营造学社，提出"绝学大昌，群才致用"的开拓性建议，足以显示了其心胸的宽广和深明大义之举。实则，在之前，梁思成是非常犹豫加盟营造学社的。朱启钤因为政治立场，拥立袁世凯复辟而受到国人谴责，声名狼藉。但是，这一壮举，又是一种不可多得的义举。最终，林徽因和梁思成选择了回到北平，加盟了这个公益的私人兴办的社团。这是一种眼光，也是因由他们的追寻、理想与朱启钤及朱启钤的社团宗旨不谋而合。一个求贤若渴，一个心有所属，这善举大旗自然就得以举起了。

梁思成被聘请为营造学社研究部主任，林徽因被聘请为校理，都是学社的核心人物。特别是梁思成的工作岗位，仅次于社长，是最重要的技术和管理人员。起初，营造学社在天安门内故宫的一角找了十多间西庑旧朝房作办公用房，这样，营造学社的初期模型就构建完毕。梁思成一生开辟了三个较大的新战场，都在历史中留下了浓厚一笔记载。还有后来的清华大学建筑系的筹建，他也功不可没。

到了 1932 年，经过打造的营造学社，慢慢地引进了新力量，又请了刘敦桢任文献部主任，立足文献的研究，梁思则担任法式部主任，重在实地的勘察工作。

朱启钤成就了梁思成夫妇的理想和抱负，梁思成和林徽因则协助完成了朱启钤的宏愿。这真是一桩完美的幸事。

后来，林洙在著作《困惑的大匠梁思成》中统计到：营造学社在北平期间，除测绘故宫的重要建筑六十余处及市内的安定门、阜成门、东直门、宣武门、崇文门、新华门、天宁寺、恭王府外，还离开北平调查了 137 个县市，调查古建筑殿堂房舍 1823 座，详细测绘的建筑 206 组，完成测绘图稿 1898 张。这就是梁思成和林徽因携手走过的地方，跨度大，覆盖了中国 15 个省份，考察了许多鲜为人知的建筑群体，不仅留下了一笔丰富的文化财产，也为他们取得了斐然成就。

林徽因和梁思成离开东北大学后，不久就发生了"九一八"事变，东北大学被迫被关闭。建筑系主任童寯主持南迁上海。当中国第一批建筑专业的大学生毕业时，梁思成和林徽因无不欣慰感叹，这一批他们亲自浇灌、锤炼过的"小苗"，如今终于成长成了大树。梁思成去了一封长长的热情洋溢的祝贺信，他说："这些毕业生将是'国产'建筑师的'始祖'，他们责任重大，前程无量。我代表林徽因，以两个人的名义向学子们道喜，愿他们通过努力，将来能为中国建筑事业开辟一个新的纪元。"当初，美国宾夕法尼亚大学不收女生，如今，毕业于该校美术系的林徽因则教出了一个班40多名的建筑师，有刘致平、刘鸿典、张镈、赵正之、陈绎等等。这是一件值得探讨的有趣事情。

事业的每一步，林徽因和梁思成都抉择得非常及时、妥当。从东北大学的教学经验里，林徽因和梁思成慢慢地树立了信心和信念，让他们在人生的路途上，快速步入轨道，没有绕弯路而浪费一丝一毫的时间和精力，当属幸事。

营造学社的历练，让梁思成和林徽因的事业日臻完美，达到了一定高度。

第四章　林先生

在她的学生、业内人士以及同事中，他们都尊呼她为林先生。

她是真正的先生，中国建筑学第一位女教授，第一位女建筑师，第一位诗人建筑师。太多的先河开创，堂堂亮亮地冠冕在这个灵气和美貌并存的女子身上。艺术家、诗人、建筑师、教授，哪一个身份才是她？其实，这些都是她生命和人生不可或缺的一部分。经历，事业，爱好，成就，每每件件都辉煌，都可以成为一种经典。

南京大学建筑学院副院长赵辰说："'林徽因首次在理论上定义了中国建筑的木框架结构体系的基本特征。'其实仅仅凭这一点，我们足以将林徽因定为中国建筑历史与理论的奠基者与先驱者。她在理论上的作用完全不应低于任何一位与她同时期

考察中的林徽因

的建筑学者，她是一位真正意义上的先行者和思想者。"中国建筑史学上，梁、林不可分。作为妻子，同行的林徽因一直是梁思成事业的参与和支持者，又是梁思成开发工作的灵感源泉，她不仅仅是贤内助这么简单的一个定位关系。有着艺术气质和文艺水平，又有独特观察力和敏感触角的林徽因，在野外建筑考察中，往往更能快速深度地发掘到所考察建筑的内涵和价值。

日本人曾扬言，要看中国唐代风格的建筑，需得去日本奈良。这句话对于中国人来说，特别是对于一位中国建筑师，无疑是一种挑衅和轻蔑。林徽因和梁思成的一次野外考察，弥补了这一珍贵的缺失篇章。中国上下五千年的文明源远流长，疆域辽阔，太多的建筑遗迹遍布四处，乡野、高山、深谷，任何一处不起眼的地方，或许都会有惊天动地的发现。

1937年初夏的一天，被判定在中国绝迹了的唐代建筑，终于被梁思成和林徽因一起发现，这一考察的建筑史突破，标志着一个新的里程碑，破了中国无现存唐代建筑物的魔咒。同时，也给建筑学提供了最为珍贵的"活化石"研究样板。在国外，古代留存的建筑主要是石头垒砌而成的，经得起日晒雨淋和风吹雨打，岁月带给这些古建筑无非是一种慢慢侵蚀的斑驳沧桑感，就是一般的雷电水火也奈何不了，因此，保存更为完整和丰富。但是，中国古代建筑物多为木结构，百年老屋都难遇见，何况几百上千年的建筑体。他们发现的这一处唐代建筑物位于太原东北方的五台山上，一座叫佛光寺的庙里。

那天，梁思成、林徽因与营造学社的另两位同事莫宗江和纪玉堂一起进发五台山，山路非常崎岖，他们的交通工具只有骡子，将人、食品、测量工具等驮着慢慢地前行，越来越陡、越窄的路径，就连骡子也"罢工"了，无奈之下只能人牵着牲口不断地往前走。蹒跚了两天，他们终于在夕阳映照的灿黄下发现了一处殿宇，宏伟庄严，飞檐走翘，斗拱硕大，各处工艺精致像极了唐朝的工匠手艺。一行人一下子疲惫全消，多日来的辛苦和无力，此刻爆发了"小宇宙"，一个个精神亢奋起来。作为研究员，知道科学的考证才是第一位，如何将这座寺庙的建筑年龄确认，成了头等大事，但是，更多的是一点点挖掘，通过推敲和计算，以便找到证明它存在时间的有力证据和众多数据。

一般来说，有文献刻录、记载是最为真实和客观的鉴定方法。建筑无论是家居，还是寺庙，在大梁上或一些特定的位置留下历史的印证，是建筑者常用的办法。梁思成的照相机的闪光灯不停地闪烁，留下一张张科考的痕迹和历史的缩影。庙宇久无人待，到处是虫子、蝙蝠等小动物来袭，几个人爬上爬下测绘或发掘着。包括作为女性的林徽因，一直较弱的身体原本不适应这样的发掘工作，但她顾不上许多，竟也敢于爬上庙堂高处勘察，急切和盼望的心情可想而知。极富敏锐性的林徽因，终于在两丈高的大梁底面发现有墨迹，隐约可辨"女弟子宁公遇"字样。但有些字迹仍是不清晰，林徽因便一一清理开尘土和遮挡物，一个人用了三天时间，认全了所有字迹，最终确认这座寺庙大殿建于唐朝大中十一年，即公元857年，乃一位叫宁公遇的女施主捐资建造的佛殿。这一发现，填补了中国建筑史的一个空白，这就是中国现存的最早的木结构建筑，经历风风雨雨一千多年后依然完整保留着原样。

坐在庙堂前，一片祥和温暖的霞光下，考察组一行人打开罐头、饼干，大家咀嚼着一点点的美好和喜悦。

林徽因在儿子梁从诫出生后，身体呈现日益好转的迹象，参与野外考察的时间越来越多。她不是梁思成的左臂右膀，他们本来就是一个无法分割的结合体。

梁思成说："文章是老婆的好，老婆是自己的好。"

梁思成的学术文章，一经林徽因润色，便生动起来，不得不说，文学思维过滤出来的学术文字，非常具有魅力，也有散文的优美感。她在《晋汾古建筑预查纪略》开始是这样描述的：

去夏乘暑假之便，作晋汾之游。汾阳城外峪道河，为山右绝好消夏的去处；地据北彪山麓，因神头有"马跑神泉"，自从宋太宗的骏骑蹄下踢出甘泉，救了干渴的三军，这泉水便没有停流过。千年来为沿溪数十家磨坊供给原动力，直至电气磨机在平遥创立了山西面粉业的中心，这源源清流始闲散的单剩曲折的画意，辘辘轮声既然消寂下来，而空静的磨坊，便也成了许多洋人避暑的别墅。

说起来中国人避暑的地方，哪一处不是洋人开的天地，北戴河，牯岭，莫干山，所以峪道河也不是例外。其实去年在峪道河避暑的，除去一位娶英籍太太的教授和我们外，全体都是山西内地传教的洋人，还不能说是中国人避暑的地方呢。在那短短的十几天，令人大有"人何寥落"之感。

林徽因文学性的表达，让建筑研究报告、学术文章更有灵气和可读性。她总能诗意地看待一切，绘画一幅心中的憧憬和景致，每一座建筑，每一件物品，每一个人或事，在她眼里，都能看出别致的好花样来，色彩斑斓的丰富着。她说："无论哪一个巍峨的古城楼，或一角倾颓的殿基的灵魂里，无形中都在诉说，乃至于歌唱，时间上漫不可信的变迁；由温雅的儿女佳话，到流血成河的杀戮。"她就此思想提出一个建筑学的概念"建筑意"，将建筑学研究注入了人文的色彩，让建筑和建筑史鲜活起来，有了生命力和延续性。

在身体还不错的时候，林徽因坚持同梁思成一起出行考察，从东南到西北，从南方到北方，许多地方都留下他们的身影和足迹。学社考察清苦，也有许多危险，在行进中，生性乐观活泼的林徽因，和一群年轻有理想的人一起将这些困难抛开。一些考察日记清楚的记录道："下午五时暴雨骤至，所乘之马颠蹶频仍，乃下马步行，不到五分钟，身无寸缕之干。如是约行三里，得小庙暂避。"又说："行三公里骤雨至，避山旁小庙中，六时雨止，沟道中洪流澎湃，明日不克前进，乃下山宿大社村周氏宗祠内。终日奔波，仅得馒头三枚（人各一），晚间又为臭虫蚊虫所攻，不能安枕尤为痛苦。"在梁思成也有这么一段记录："今天工作将完时，忽然来了一阵'不测的风云'，在天晴日美的下午五时前后狂风暴雨，雷电交作。我们正在最上层梁架上，不由得不感到自身的危险。不单是在280多尺高将近千年的木架上，而且近在塔顶铁质相轮之下，电母风伯不见得会讲特别交情。"自然条件和考察条件不是一般相信的那么艰苦，而是非常的艰苦，时常有各种风险存在，鸟虫干扰，土匪劫匪的袭击，无法预料的路途未知，都需要他们一一去经历和处理。

梁思成的建筑著作，许多都有林徽因的痕迹，不单单是考察，还有著作的修订、定稿，校核等。在为《清式营造则例》写序时梁思成特别说明："内子林徽音在本书上为我分担的工作，除'绪论'外，自开始至脱稿以后数次的增修删改，在照片之摄制及选择，图版之分配上，我实指不出彼此分工区域，最后更精心校读增削。所以至少说她便是这书一半的著者才对。"

这一对比肩的爱人同志。他们一路携手的事业，你中有我，我中有你。真正诠释了中国人常说的"夫唱妇随"的内涵，且发扬到了极致。

他们是中国建筑学的开山鼻祖，这样说也不为过。

第五章　谱华章

　　吴良镛先生是中国建筑学泰斗、两院院士，并非林徽因和梁思成的学生，但是，他却说："以后，偶尔赴八宝山参加某人的追悼会之机，我总要悄悄地去林先生的墓旁，向恩师致以哀思。一位了不起的中华第一女建筑师，才华横溢的学者，她在文学艺术方面有如此的造诣，她在建筑方面和梁先生并驾齐驱，共同做出卓越的贡献。"一句恩师，何来的如此深厚缘分？

　　原来，梁思成和林徽因是吴良镛清华大学任教的推荐者。

　　其次，林徽因和梁思成是吴良镛亦师亦友的清华大学建筑系同事。

　　更甚，梁思成还是吴良镛匡出国深造的积极推动者，他为吴良镛选定了溪艺术学院的伊利尔·沙里宁，并亲笔信给予引荐。

后来，病榻上的林徽因还书写了一封信，催促正在留学的吴良镛早日归国，为形势大好的新中国建设添砖加瓦。

实际上，吴良镛第一次与林徽因和梁思成相见，是在 1945 年初春，受当时主持"战后文物保存委员会"梁思成的邀请去重庆，帮助整理绘图工作，直到几个月后机构撤销才离开。就是这一次的工作机会，吴良镛见到了林徽因，当时他们刚从宜宾李庄搬到重庆，吴良镛见到的林徽因，面色苍白地躺在床上，清瘦的倦容，一看身子就非常虚弱。房间里还有一位客人，梁思成介绍说："这位是傅孟真（傅斯年）先生。"而后，为了不打搅林徽因休息，他们走到了一间四壁空空的房子里，梁思成就在这间屋子里站着告诉了吴良镛：清华大学梅贻琦校长批准成立清华营建系（建筑系）。当前的建筑教育保守、沉痼，他将去欧美考察，邀请吴良镛去新办的系里出任助教。就是这次热情的见面以及真诚地邀请，吴良镛做出了一生中最重要的抉择，走上了一条崭新的道路。

林徽因曾率先提出民居建筑这一建筑形式的重要性。以前的建筑学关注宫殿、神庙、大型公共建筑等突出具有代表性的建筑偏多，林徽因这一悉心洞察在当时世界建筑学上都是领先的思维。而吴良镛就是林徽因和梁思成建筑体系践行坚守者之一。他们致力的方向一致。

1948 年的一天，林徽因家来了几位不速之客。两位解放军干部由清华大学教授张奚若陪同，亲自登门拜访梁思成和林徽因夫妻二人。他们说明了来意以及当时的北平现状，如果党中央与国民党谈判和平解放北平不果，那么势必会有一场攻城之战，因此，为了保护北京城的古建筑，希望梁思成和林徽因能绘制出北平重要的古迹，避免战火摧毁这些具有历史意义的建筑。正在愁苦如何能保护好北平古建筑群不受战争袭击的夫妇俩，听后十分欣喜，当即允诺完成这项任务。后来，这次绘制的重点古建筑以及保护建筑的名单，成了北京城建筑的一份重要文献，在共和国文物保护工作中起到了重要的作用。仰仗在营造学社当年的积累与沉淀，林徽因和梁思成才可能在紧张紧迫的情况下，准确地标记出偌大一个北平城的古建筑。不难体会到，他们在平时的践行中，如何地亲力亲为和热爱着这一份事业，才有这该出手时就出手的卓越功夫，非一般人能为。

有心人、执着者，这爱国情怀如蔓蔓葱郁的藤蔓，一点点缠绕在林徽因和梁思成的心里。他们出色的才能，国外多家大学和研究机构仰慕已久，多次邀请他们出国讲学、工作，林徽因身体也正值需要先进医学技术治疗和良好环境疗养的时候，但他们却斩钉截铁地一一回绝了。梁思成说："我的祖国正在灾难中，我不能离开她，假使我必须死在刺刀或炸弹下，我要死在祖国的土地上。"林徽因和丈夫梁思成一起，在极其艰苦的条件下，驻守着心里的一道长城。15 年与病魔作斗争的林徽因，一直躺在床上参与建筑学术的研究和大学授课。在梁思成出国考察期间，她积极参与清华大学营建系（建筑系）的筹备工作，为年轻的学生们授课，编纂建筑文史资料，特别是在中华人民共和国国徽和人民英雄纪念碑的设计上，以及景泰蓝工艺的改良中，林徽因展示了无比优秀的建筑艺术才华，受到后来人的敬仰和倾慕。

1952 年 5 月，林徽因被任命为人民英雄纪念碑建筑委员会委员，参与了设计工作。她不仅担任美术设计方面的任务，对于纪念碑的整体造型、结构也提出了原则性的意见和建议。建成后的人民英雄纪念碑小须弥碑座采用了林徽因和梁思成的设计意见，小须弥碑座四周刻有牡丹、荷花和菊花三种花图案组成的八个大花环浮雕，同大须弥碑座的八幅近代历史浮雕相互照应，把英雄的乐章推向高潮。在林徽因生命的最后历程里，她绚放的光芒，擎出莲般的洁净芬芳。

> 如果我的心是一朵莲花，
> 正中擎出一支点亮的蜡，
> 荧荧虽则单是那一剪光，
> 我也要它骄傲的捧出辉煌，
> 不怕它只是我个人的莲灯，
> 照不见前后崎岖的人生——
> 浮沉它依附着人海的浪涛
> 明暗自成了它内心的秘奥。
> 单是那光一闪花一朵——
> 像一叶轻舸驶出了江河——
> 宛转它漂随命运的波涌
> 等候那阵阵风向远处推送。
> 算做一次过客在宇宙里，

认识这玲珑的生从容的死，

这飘忽的途程也就是个——

也就是个美丽美丽的梦。

解放初期，由于帝国主义的封锁，特种工艺品外销受阻，整个行业发展受到了严重的制约，生存攸关直接摆在了眼前。为扶持传统手工艺，北京市政府成立了特种工艺品公司，1951年公司成立了研制景泰蓝的特艺实验厂，同时，清华大学营建系在梁思成、林徽因的主持下成立抢救景泰蓝工艺的美术小组。

林徽因和梁思成二人从不染指古董，他们说做这一行，先得做好这个。家里的老货都是梁启超留下的遗产，但是，他们俩却非常喜欢逛古玩店，时常能淘点不错的小东西。也就是一次在北京海王村旧古玩摊上，他们被一只景泰蓝花瓶吸引。摊主见他们很喜欢，便说："二位先生还是有眼力的，这是正宗老天利的景泰蓝，别处你见不到了。就是老天利这家大字号，也撑不住快关张了。北京的景泰蓝热闹了几百年，到这会儿算是快绝根了。"这叹息，如一记锤，敲在了林徽因和梁思成心里。多次多方走访的结果，让他们开始为景泰蓝工艺前景堪忧，必须尽快拯救，才不致让这一瑰宝在新中国失传。

与此同时，医生们一次又一次地对林徽因发出病危的"黄牌"警告，她的肺已布满了空洞，肾也切除了一侧，结核菌已从肺转移到肾、肠。她一天吃不了二两饭，睡眠不足四五个小时，就是这么一位在生命边缘游走的女子，却在丈夫梁思成的陪伴下，带着助手们多次跑到景泰蓝工厂去调查，了解它的工艺程序及材料特点。通过她不懈的努力，终于发现：工人师傅的手艺是高超的，但是由于传统产品的造型庸俗、色彩单一、图案繁琐，致使这一具有民族特色的手工艺品濒于停业。根本原因找到后，林徽因不顾身体，继续和助手们研究设计景泰蓝生产工艺的造型，图案以及色彩等，探索出一套具有民族特色的图案方案，取得景泰蓝工艺的巨大创造性发展，挽救了频临绝迹的特种工艺艺术。要问林徽因的才从何来，如何能将国之精粹发扬更大的光芒，林徽因的艺术敏感性，舞台设计的经历，以及诗人般的情怀都助成了她一身本事和无以复加的建筑艺术才华。

当苏联著名芭蕾舞演员乌兰诺娃接过林薇因设计的景泰蓝礼品时，高兴地说："这是代表新中国的新礼品，真是美极了！"

在林徽因主持改造下，瑰宝景泰蓝终于焕发了光彩华章。

第四卷
问这秋这秋几许

第一章　探香山

　　江南的水乡，有一种独特的温婉和纤细风情，风儿是细密的，阳光是柔美的，水流是轻潺的，这里的人儿也似水作的骨肉，一方水土的恩泽，一片天空的垂青，让生长于江南的林徽因出落得如一茎盛放的芙蕖，美丽、高洁、傲然，却又是饱含了人间烟火气息的俏女子。这是江南的好，江南似一张盛产美好的温床，自古多情，人杰地灵，养育了无数的才子佳人，文人骚客。

　　江南是许多人心中的一个梦幻，何尝不是林徽因的梦呢！回国后的林徽因，并没有回到水乡锦里的温柔中去，在公公梁启超的鼓励、安排下，随丈夫梁思成去了遥远、寒冷的东北，组建新成立的东北大学建筑系，新学校，老师少，困难多，条件十分艰苦，工作也繁重芜杂，自然气候更是一直折磨着林徽因，在这样紧张、繁琐、劳累的情形下，林徽因不幸染上了肺结核，且身体状况愈来愈差，不得已回到北京养病。1931 年 3 月，她接受医生的建议，前往北平西郊的香山安心疗养。

说林徽因是在香山的"双清别墅"养病的，这是文学书上一贯的说辞。就林徽因与梁思成的家室条件，以及林徽因一直给人留下的美好印象，让所有人都觉得她应该在一个宽敞、格调、漂亮的大房子里疗养，似乎这样才符合她的身份和地位。陈学勇先生在《莲灯微光里的梦——林徽因的一生》中说，据林徽因的堂弟林宣回忆："其实当时林徽因的住所是别墅附近的一排平房。在那段岁月里，林宣曾上山看望过病中的林徽因，他还记得，平房落在斜坡上，房前一条走廊。林徽因住第一间，她的母亲住第二间，女儿在第三间，第四间用作厨房。"这样的考证与传言实则大相径庭，但是，可以肯定的是，无论是在别墅里还是平房中，香山的风景依旧，香山的空气依然，香山给予林徽因的感觉没有因此而有丝毫地改变、错位，一样让人沉迷、心醉。在这个天然氧吧中，空洞放开一切，人、自然、天地、日月，谁是谁不重要，谁是谁也不必分清楚，洪荒中早已充斥了声声不息的绿芜、天籁、清澄、斑斓，万物苏醒，精灵歌唱，天然合一。在香山的日子里，有孩子、母亲的依偎陪伴，有丈夫梁思成无微不至的爱护，更有许多朋友的真挚关怀与殷勤探望，这些内外因素的交织与叠加，让林徽因的身心达到了一种前所未有的放松、舒展和平和状态，虽然无法做到"物我两忘"的境地，却可以真正地放空尘世中的迷障、沙砾，让眼前亮色起来，让一切生动了，活泼着。

　　怕林徽因萌生孤单和寂寞的情绪，梁思成将她平素喜欢的书籍打理好，雇了脚夫挑上山去，以供林徽因解闷、学习。其实，依林徽因的性子，若手儿闲住了，恐怕心也是无法搁下的。知妻莫若夫，梁思成一直都懂林徽因，非常懂得。这是彼此信任、关怀、挚爱的真实体现，夫妻情，知己意，二者统一，谁的人生不美满，不快哉！

　　林徽因在香山的日子，是她一生中最为难忘的一段岁月。女儿再冰娇小可人，是母亲的小棉袄，与孩子一起的时光，其实就是与童年时光再次相会，总会产生别样的纯真、童趣，人也会随之年轻起来。而母亲平素虽爱唠叨些，但此刻却似这三月的春天，温暖、恒定，犹如一方镇静药剂，很大程度上缓解了林徽因病痛的伤心和精神的空虚。梁思成周末驱车从城里赶来，夫妻俩在这美妙的自然环境中，情愫更多地弥漫着。

　　一个晚上，这位凝脂美玉般的人儿一卷在握，而四周焚香阵阵，她身上披的是一件素白的袍子，月光也是白净、疏松的，在这迷离的光线下，林徽因难免感慨、陶醉，于是对梁思成情不自禁道，看到她这个样子，任何男人进来都会晕倒。这本来是一句很"天然"的玩笑话，林徽因却似乎道错了对象，说与丈夫梁思成听或许是不太妥，不过，在此时此刻此景的摇曳、情致中，她脱口而出，也算真性情了。不遮掩，不伪饰，不假装，是林徽因一贯的作风，难能可贵一个"真"字。而作为丈夫的梁思成了解吗？他，了解！但还是故作吃醋，怄气了，生气地回道："我就没晕倒。"明显还是小心眼在作祟。

亲情的包裹，青山绿水、空气清新的环绕，让林徽因的心情大好起来，病情也得了缓解和控制，身体状况得到了恢复，明朗便会滋生新意，似乎有一枝雏芽在萌动中，待破茧而出。

民国时期的北平，曾有两位名媛在各自的交际圈内掷地有声，在皇城根下谱写过耀眼、辉煌的骄人篇章。她们都好友，交友，一位是陆小曼，一位就是林徽因。陆小曼的圈子多在京都名媛、小姐中，而林徽因的朋友圈子却更为宽泛，也多有出类拔萃的人物，其中有像金岳霖、张海、张奚若、罗隆基、韩湘眉这样各行各业的精英人士；有像胡适、沈从文、冰心、徐志摩、凌叔华这样的文坛大作家；还有专业上志同道合的战友；也有心灵相通的费正清、费慰梅夫妇等外国朋友。因此，林徽因虽身在香山，朋友却是流动着来，倒成了少有的一道风景线。而其中，大得较多的一位算是好友徐志摩了。徐志摩去的时候，如果没有其他同伴，则都有林宣一路前往，这样的避讳应该注意的。

徐志摩曾书信与陆小曼道："此次（上山）相见与上回不相同，半亦因为外有浮言，格外谨慎，相见不过三次，绝无愉快可言。""相见不过三次，绝无愉快可言。"这话似有隐瞒之实，据现在的考据确认，徐志摩去香山探望林徽因绝不止信中提到的三次，而见面真的是无半分愉悦吗？这样的书信分明是哄着陆小曼千万别乱想，我只是尽朋友之谊去看看林徽因而已，去得也非常少，很是没意思的。这信，谁信？陆小曼是信徐志摩的，如此，徐志摩就顺着陆小曼的心结写，就好。

　　徐志摩因为对林徽因担心，心里其实是乱如麻的，说心如刀割也不为过，徐志摩一向是一位真性情的男子，也许不单对林徽因，对自己认可的朋友，都心存了一颗赤诚的金子之心。他的率真、坦荡、真我，是诗人应有的品行、气质，这样的人才能写出令人心动的诗篇。

　　　庭院是一片静，
　　　听市谣围抱；
　　　织成一地松影——
　　　看当头月好；
　　　不知今夜山中，
　　　是何等光景；
　　　想也有月有松，
　　　有更深的静。
　　　我想攀附月色，
　　　化一阵清风；
　　　吹醒群松春醉，
　　　去山中浮动；
　　　吹下一针新碧，
　　　掉在你窗前；
　　　轻柔如同叹息——
　　　不惊你安眠！

　　这首《山中》，徐志摩作于 1931 年 4 月 1 日的晚上，也就是林徽因在香山疗养的日子里。究竟何为？他作了这首诗歌，而名字恰好为《山中》。循着足迹去追寻，却有意外收获。"庭院是一片静，听市谣围抱；织成一地松影——看当头月好。"这庭院是谁的庭院，在哪儿呢？其实，徐志摩在北平任教时，因陆小曼不愿意迁至北平，所以，他一直借住胡适的公寓，这里的庭院自然是胡适家的庭院了。晚间的北平城依旧是喧哗如织，这一静一动，墙内墙外的分明，更加激起了一种想念与向往，他问："不知今夜山中，是何等光景；想也有月有松，有更深的静。"他在问谁呢，谁又在山中？或许，蛛丝马迹中就有了几分香山的影子，香山也静，这静逸与市井中庭院的静很不一样，是一种深、更深的静。徐志摩此刻想起这些，只想攀附一片月光，随着清风而去，去往山中松林包裹的夜光下，任作一枚绿色的松针，如愿掉在你的窗前，如一息轻轻的叹气，但，却不想惊动梦中沉睡的人。非常浪漫、缱绻的一首小诗，徐志摩这首诗歌，除了本身作品的经典外，其真正的意义，或作为一把钥匙，真正地开启了林徽因的"一身诗意千寻瀑"。紧接着的 4月 12 日，林徽因便作了《那一晚》，这是林徽因的第一首诗作，虽是处女作，却是不同凡响，起点的高度，如今看来，也是觉得是一种不可思议，但是，也是理所当然的必然。但凡了解林徽因一生的历经，便会知道这只是到了质变的破点，恰恰好由徐志摩启蒙，由徐志摩点燃，又由徐志摩开启了这个破点。

这便是机缘，也许无关乎爱情，也不是温暖的亲情，但是，林徽因与徐志摩之间的情谊，这种第六感觉的无以道明，正好是你懂我，我也懂你的最好诠释，非关风月，也可情真如此。

> 那一晚我的船推出了河心，
> 澄蓝的天上托着密密的星。

那一晚你的手牵着我的手，
迷惘的星夜封锁起重愁。
那一晚你和我分定了方向，
两人各认取个生活的模样。

到如今我的船仍然在海面飘，
细弱的桅杆常在风涛里摇。
到如今太阳只在我背后徘徊，
层层的阴影留守在我周围。
到如今我还记着那一晚的天，
星光、眼泪、白茫茫的江边！
到如今我还想念你岸上的耕种，
红花儿黄花儿朵朵的生动。

那一天我希望要走到了顶层，
蜜一般酿出那记忆的滋润。
那一天我要跨上带羽翼的箭，
望着你花园里射一个满弦。
那一天你要听到鸟般的歌唱，
那便是我静候着你的赞赏。
那一天你要看到零乱的花影，
那便是我私闯入当年的边境！

　　"那便是我静候着你的赞赏"，赞赏什么，谁来赞赏？当
"那一天你要听到鸟般的歌唱"的时候、当"那一天你要看到零
乱的花影"的时候，"那便是我私闯入当年的边境！"这一派气

势，高盉，推出，虽无挑衅，却是汹汹逼得人紧的战事宣言！林徽因巧慧，非一般女子可有，林徽因的自信，不输男儿半分，林徽因或许其他事情不需要任何人的褒奖，她的能力已经得到了证明，唯有一件事，现在急需得到肯定，那就是这首《那一晚》的诗歌，而这首诗歌却让她分明感觉到了实力的所在，所以，她说，我独立地闯进你的边境易如反掌！这是谁的边境，何谓边境？其实就是她期待的赞赏者，赞赏者诗文的高度，她将会越过去。也就林徽因可以这样"夸下海口"，就凭此文足矣。

如此一比对，这算不算是对徐志摩《山中》的和诗呢？其实诗歌可以疗伤，可以疗病，徐志摩先前的出发点，或许只是对林徽因的一份担忧，对林徽因的一种挂记，并没想到正在山中疗养的林徽因会因此有所感悟而诗意迸发，开始创作就步入了一个写字的高潮期。无心插柳柳成荫，如果林徽因还在继续忙忙碌碌中，或许根本分不开心身来自由抒发心中感慨；如果不是徐志摩的带动，她也会失去创作的许多灵感；如果不是早期喜爱文学，品读过许多外国著名诗人的作品，她也许根本没有一触即发的积累。

诗人林徽因，于是就这么被推向了文学的舞台，意外之中，却是意料之外的机缘巧合。冥冥之中，她一生必将为文字盛开，为文学谱写一份辉煌的篇章。

第二章　道偶然

香山的静美，香山的清冽，香山上那些蓊郁的山林、山岭，潺潺的溪涧，含梗在山峡中的各具特色的古建筑，这些自然造物与人工巧织，现代气息与历史蕴藉，厚重人文与清浅空气相互交辉的无以媲美的独特风格，成就了香山的灵气与浑朴，它温软、细腻、多情、清疏，流淌着一种诗意般的情景梦幻，接近它，精神扩张和情感抒发的因子自发地蠢蠢欲动，诱导着生命本真和人生感悟的原形重现，一个真实的自我一点点迫近，这就是环境的魅力与功效。人格的塑造，生活的观念，人性的初始，人的命运，往往都与人文环境和自然环境密切关联着。

林徽因在这美妙的香山中，不经意拾起了一枚曾经掩埋下的珠贝，撬开它的壳，立即就闪烁炫丽光彩。殊不知，这枚珠贝经历得沙砾打磨，大浪冲刷、日子沉淀，再到某一刻因由契合地猛然唤醒，它该是多么地不易，生命乐章的演绎，五线谱的跳跃缺一不可的交织才能尽显完美地蜕变。

1931 年 4 月，在徐志摩主编的《诗刊》第二期上，林徽因发表了《谁爱这不息的变幻》、《那一晚》、《仍然》三首诗歌。其中，《那一晚》和《仍然》均署笔名"尺棰"。在林徽因发表的作品中，用"尺棰"署名的时候并不多，而这三首诗歌其实实难分出创作的先后顺序。诗中所表达、诉述的，许多人都看作是一种感情的倾吐，是对徐志摩《山中》和《两个月亮》的回应。于是，不管如何，那个"你"自然就扣上了徐志摩的影子，一直甩也甩不掉。

半个多世纪后的今天，学者、作者、读者依旧希望，或者就认定是她为徐志摩而作的。林徽因曾经对诗歌创作作过一句经典的阐述："写诗究竟是怎么一回事，真实惟有天知道得最清楚！"谁说得清呢？包括林徽因自己，或许也无法说清她写诗歌的来龙去脉。假定的人事，有时无非是深入的幌子，而进取中表达的，更多的是诗人瞬间的捕捉，这转瞬的灵感，则来源于生活的积累和生命的感知，合纵连横交错后的引爆，情感复杂、抒发变幻，表达具象其实是捉摸不透的，也许真的是"天知道得最清楚"！

1936 年，林徽因在《大公报·文艺副刊》发表了一篇《究竟怎么一回事》的文章，阐述了她对诗歌和创作诗歌的看法：

写诗，或可说是要抓紧一种一时闪动的力量，一面跟着潜意识浮沉，摸索自己内心所萦回，所着重的情感——喜悦，哀思，忧怨，恋情，或深或浅，或缠绵，或热烈，又一方面顺着直觉，认识，辨味在眼前或记忆里官感所触遇的意象——颜色，形体，声音，动静，或细致，或亲切，或雄伟，或诡异；再一方面又追着理智探讨，剖析，理会这些不同的性质，不同份量，流转不定的情感意象所互相融会，交错策动而发生的感念；然后以语言文字（运用其声音意义）经营，描画，表达这内心意象，情绪，理解在同时间或不同时间里，适应或矛盾的所共起的波澜。

不难看出，林徽因对诗作的研究乃至其诗作的形成，在理论上也颇为深厚，精妙。

《谁爱这不息的变幻》，诗歌里都是这样的变幻着，有多少人啊！爱着这变幻，变幻的不确定、迷漫，有一息伟大的变幻，才有了人世间最美丽的诗篇。

> 谁爱这不息的变幻，她的行径？
> 催一阵急雨，抹一天云霞，月亮，
> 星光，日影，在在都是她的花样。
> 更不容峰峦与江海偷一刻安定。
> 骄傲的，她奉着那荒唐的使命：
> 看花放蕊树凋零，娇娃做了娘；
> 叫河流凝成冰雪，天地变了相；
> 都市喧哗，再寂成广漠的夜静！
> 虽说千万年在她掌握中操纵，
> 她不曾遗忘一丝毫发的卑微。

难怪她笑永恒是人们造的谎，

来抚慰恋爱的消失，死亡的痛。

但谁又能参透这幻化的轮回，

谁又能大胆的爱过这伟大的变幻？

徐志摩以"爱、美、自由"为生命的永远追寻，林徽因何尝不是？昨天的、今天的人何尝不是呢？这三样人生之梦寐以求的理想，因为他是徐志摩，他勇敢、大胆、热烈，他敢于坦坦荡荡地去应对、去回应，因此，他的人生碑文上才会有人为他疾书这生命的本真，这是多少人都做不到的。他的灵魂凌驾于他的躯体、包括思想之上，这是真实、自我，极富个性的他。而徐志摩为林徽因一生的挚友，诗歌的启蒙老师以及推动者，他的潜移默化不可不说是深植在了林徽因的脑海里和思想中，运笔时再辅她个人独特的历经、体悟和视角，这样的诗作便会放射出光芒来，一点亮就会光耀四方。这是偶然，更是必然。

至于林徽因为何署名"尺棰"发表《那一晚》和《仍然》，这些都不是后来人探究的重点，去研究这个似乎达不到以点概面的小插曲，不能真实地反应林徽因诗歌的特征和内涵。其实，只有深入去一次她诗文的"发源地"，或许，才能真正了解一二。

说偶然，道偶然，却都不是偶然。

我是天空里的一片云，

偶尔投影在你的波心——

你不必惊异，

更无须欢喜——

在转瞬间消灭了踪影。

你我相逢在黑夜的海上，

你有你的，我有我的，方向；

你记得也好，

最好你忘掉，

在这交会时互放的光亮。

林徽因的诗歌启蒙，如果有意识地追溯回去，不难发现，她对诗歌的好奇、喜爱、认知，应该是与父亲生活在英国的那一段日子里，一种不经意的"投影"，映射下的思想波光，从而引发出的文艺初潮，再经慢慢培植，久而久之，思想和骨子里便很自然地摄入了诗意和诗情。潜意识一经存在、发酵，就不会再磨灭。

在英国伦敦的那些日子里，林徽因是孤单的、寂寞的。父亲林长民时常要应付社交圈子，有时难免会冷落下林徽因一个人在家生活，这样的日子是无聊的，感情是空虚的，光阴也是漫无目的的。幸好，林徽因通过父亲结识了在英国的一些中国朋友，有了联系和交流多少不会更孤单、无助，而徐志摩就是这些朋友中的一员。徐志摩与林长民非常投缘，他们一起聚会的时候，便多了对文学、文艺的探讨，这种热闹的氛围，让身处现场的林徽因，也过了一把瘾，这个时期，不仅林徽因的思想里深埋下艺术和文艺的种子，同时徐志摩也深受启发，彼此切磋中对诗歌的再感悟，让他在诗歌创作上受益匪浅。这段经历在徐志摩的诗歌发展上同样是重要的一笔，使他对诗歌的领悟力大大提高，这个突破，还有一层更深的原因，那就是林徽因的美好。

徐志摩对林徽因的追求，似乎是不用质疑的"人人皆知"，有人说，徐志摩对林徽因的向往，即是对他一生"爱、美、自由"理想的向往。在林徽因身上，他看到了这些美好的存在，他追寻的，就是林徽因所体现出来的。因此，他一生都爱着美好，这种美好透过林徽因，使他看到了诗意，看到了他想要的一切，而这种诗意由内而外地又折射到了林徽因灵魂里去，这种相互交辉的变幻，便使他们摩擦出了生命的火花，与友情、爱情、亲情似乎都有关联，却似乎又都是一种简单的具象，以致徐志摩自己到头来也分不清了。

但，林徽因分得清！处在孤寂中的林徽因，正好有一块思想的荒芜地，这时止好由经父亲和徐志摩的思想牵引，进入了诗歌领域。在英国的那个时期，林徽因熟读了大量的外国文学，更多的是外国诗人的作品。她一生的挚友费慰梅曾说："多年后听徽因提起徐志摩，我注意到她对徐的回忆，总是离不开那些文学大家的名字，如雪莱、济慈、拜伦、曼殊斐儿、伍尔芙。我猜想，徐在对她的一片深情中，可能已不自觉地扮演了一个导师的角色，领她进入英国诗歌和英国戏剧的世界，新美感、新观念、新感觉，同时也迷惑了他自己。"徐志摩常常为徽因"读济慈、雪莱、拜伦、华兹华斯和斯万伯恩的浪漫诗篇，他读得出了神。他为林徽因打开了文学的大门，而这扇大门，就是用英诗装饰的。"

年少时的林徽因不曾写诗，但是，外国诗人对她的影响，早已经种在了她心田上，不发芽则已，发芽就会开出绚丽的花朵。

林徽因在伦敦公园中（1920 年）

凡是一种偶然的发生，必是自然的存在与反应！

林徽因一鸣惊人的诗作诗歌，再往里走，再去深究，会有更多的因素浮出水面。诗歌不是一种单纯的文学表象，它是夹杂了奇峰险峻、鸟鸣花语、旷野青川、人群走兽、烟云长河、星辰水月，它是来来去去的故事里外，它是注下的某次因缘际会，它是世间万象的美妙揉合，更多的参透。

因为这种参悟与参透，林徽因的笔下灿灿生辉！

第三章　言"新月"

"觉醒"二字，用在诗歌的创作上最为贴切。

何为觉醒，觉醒为何，觉醒中的表象如何？如果巧遇一把梦寐以求的钥匙，这把钥匙它不在别人手里，也不在花花世界的尘世中，它只在你灵魂深处浮荡，似一缕蒿草从不轻易就范于污浊，始终保持着使人艳羡的葱绿，活泛着鲜妍，在宁静中开着微光的轻闪、轻闪的梦。在某个夜深人静，在躯体沉睡中，思维暂停状态下，它更为清醒地，也更为持戒地抵御着某种惊醒的入侵。但，你仍得相信，它是在等待，等待时光凝聚成一柄锋刃，刺破漫长的时光隧道，你才知道，原来，它只是等待某一次警醒后的揭竿而起，在跌宕中激越，在回首时认取生命的真谛，从而醒来，悟了，于是，觉醒。

觉醒催生的灵感一发不可收拾，在宽敞的天地间，胸怀延伸着辽远，林徽因对文字的觉醒，唤起了灵魂中的诗意盎然，越深入，越沉醉其中，不然，怎会接二连三地创作不停，发表不断呢？继《诗刊》上刊登三首诗歌后，林徽因又在第三期《诗刊》和《新月诗选》上发表了《一首桃花》、《笑》、《深夜里听到的乐声》、《情愿》。加上之前曾发表过的《仍然》等作品，这些都发表在"新月社"旗下的刊物上，而徐志摩则是"新月社"的重要成员之一。"新月社"的核心成员还有胡适、梁实秋、余上沅、丁西林、陈西滢等，梁启超、闻一多、张君劢也曾多次参加社团活动。这些人多曾留学英美，大家情趣相投，对文学、文艺热衷非常，也具有很高水平的写作与鉴赏能力，于是，便想到了聚会一起开展些文化探讨活动（这让人难免会想起林长民和徐志摩一干人在英国聚会时谈笑风生的情景，也是一种文学交流的延伸）。这样，最初的"新月社"活动模式就诞生了，后来随着社员扩大、声势壮大，便发展成了俱乐部形式。他们起始的愿望就是"几个做文学梦的同行人，开拓一些艺术上的新路径"，如此简单而已。其社名是徐志摩依据泰戈尔诗集《新月集》蕴育而起的，寓意为"它那纤弱的一弯分明暗示着，怀抱着未来的圆满"。

谈到"新月社"，不管是当时，还是当下，都不得不提到一个与"新月社"息息相关的人，在"新月社"成立时，她不是诗人，却在"新月社"活动中十分活跃，到了"新月社"发展壮大的时候，她依然也没有诗作面世，但是，"新月社"许多大型活动似乎都少不了她的影子。泰戈尔1924年来华时，她是重要陪同成员之一，与徐志摩一起，包括自己的父亲，上演了一幕极为精彩的话剧——《齐德拉》，至今被人热议和称颂。她就是林徽因，恐怕也只有她这么一位轻妙多才的女子，才能在"新月社"众多人物面前不羁了性子，她的艺术气质和内涵修养有一种逼人的不容小视！

徐志摩说她的诗歌"新起的清音"，这是一种不掩饰的极力推崇和真心赞美。这是高山流水遇知音，是"众里寻他千百度，那人却在灯火阑珊处"的惊艳一瞥，原来这美妙的珠贝一直隐藏在这里，静默了多少年了，无意被撬开了硬蚌，露出珠圆玉滑的最真，怎么不惊讶和欣喜呢。

别丢掉，本心，初心，便会有一颗饱满的诗心。

> 别去掉
> 这一把过往的热情，
> 现在流水似的，
> 轻轻
>
> 在幽冷的山泉底，
> 在黑夜，在松林，
> 叹息似的渺茫，
> 你仍要保持着那真！
>
> 一样是明月，
> 一样是隔山灯火，

满天的星，只有人不见，

梦似的挂起，

你向黑夜要回

那一句话——你仍得相信

山谷中留着

有那回音！

　　作为林徽因的经典诗歌作品之一，《别丢掉》一直受到学者和读者的关注，多有赏析者从不同侧面和角度去探视此诗的形成原因与精神内核。梁实秋（灵雨）曾批评它晦涩，难以让人懂得，而朱自清就梁实秋的评论自有一番自己的见地："今年上半年，有好些位先生讨论诗的传达问题。有些说诗应该明白清楚；有些说，诗有时候不能也不必像散文一样明白清楚；关于这问题，朱孟实先生《心理个别的差异与诗的欣赏》（二十五年十一月一日《大公报·文艺》）确是持平之论。但我所注意的是他们举过的传达的例子。诗的传达，和比喻及组织关系甚大。诗人的譬喻要新创，至少变故为新，组织也总要新，要变。因为就觉得不习惯，难懂了。其实大部分的诗，细心看几遍，也便可明白的。""譬如灵雨先生在《自由评论》十六期所举林徽音女士《别丢掉》一诗（原诗见二十五年三月十五日天津《大公报》）""这是一首理想的爱情诗，托为当事人的一造向另一造的说话。"

　　《别丢掉》作于徐志摩去世的第二年夏天，许多人都将此作看作是林徽因悼念徐志摩的情诗，斯人已逝，诗人倾诉的心声在说与谁听，谁能真实地读懂它，懂得她，有那么一个人吗？
而诗中若隐若明的"你"，他（她）到底是谁？如今，"黄鹤一
去不复返"，即是还在，也未必能清楚明了个中的感悟和心情。
其实，谁愿意丢掉曾经的热情，谁又在流水似的日子清冷中，
在幽幽的岁月里，在黑色的渺茫下，叹"你仍要保持着那真！"
保持那真不容易，像梦一般的高而迷茫，但是，必须得认清，
仍有一个回音，说，都得保持着那真。或许，《别丢掉》的，便
是人世间里众生都不该，不应丢掉的本色和纯真，最原始的面
貌——真！

徐志摩是诠释"真"字的稀有者，林徽因，她何尝不是呢？
"物以类聚，人以群分"，不是有共同理想和一样心性的人，怎
么会真挚交往了这么多年，不管风言风语，不管人事辗转，不
管天涯海角，他们的友谊却越深沉、执着。天地间，唯有坦坦
荡荡方能见日光，不然，必是生活在深海里的海藻，盘根错节
的攀爬、附会，却终年不得阳光的青睐，阴暗潮湿乃生存的匹
配，哀乎，悲乎？那些饱满丰美的诗行，便是最好的印证。干
净的灵魂，才能写出美妙的清音，谁说不是呢！

在新月诗派中，徐志摩和林徽因的地位都举足轻重，他们
创作的诗歌，思想启蒙都来自英诗，对外国诗人的推崇，以及
对外国诗作的熟稔，使他们诗歌的烙印极为明显，浪漫、清丽、
柔美，构思轻巧，意象奇峰，画面质感，极富韵律，是来自灵
魂深处的呐喊和呼唤，用灵魂说话，用灵魂表达，用灵魂咏唱
世间的真、美、好或苦、痛、伤，尤显一个"真"字。相对于
林徽因，徐志摩的诗辞藻有时更为华丽，表达更为张扬，而就

写作目的来看，林徽因更偏于一种自我呢喃、轻咛的境况中，这与她真实的内心非常贴近。林徽因的诗歌，第一作者是自己，而最终的读者依然是她自己，或许，她下笔，纯粹是一种自我抒发，与发表没有丝毫关联，而所发表的作品，也多是应朋友之邀，不得不为情"奉献"罢了。

　　一个诗人，如果因为发表而作，或因为出名而写，怀揣着这样的目的和心思，那么，他的诗作再好，也是次品。心有多宽，意就有多广，情有多深，爱就有多沉。如果这些都渗透于思想中，自然，诗作便有了生命和灵魂了。

　　林徽因的诗歌，有一种炫色的精妙、轻巧，游离着清亮的光束，诗情碰触下的清脆穿行在云山雾罩下的迷离中，有勘不透的美不胜收，令人无限向往。

　　笑的是她的眼睛，口唇，
　　和唇边浑圆的旋涡。
　　艳丽如同露珠，
　　朵朵的笑向
　　贝齿的闪光里躲。
　　那是笑——神的笑，美的笑：
　　水的映影，风的轻歌。

　　笑的是她惺松的鬈发，
　　散乱的挨着她的耳朵。
　　轻软如同花影，
　　痒痒的甜蜜

涌进了你的心窝。

那是笑——诗的笑，画的笑：

云的留痕，浪的柔波。

《笑》，给人一种唇齿留香，余味深长之感。因为这一抹旋的笑点响了日子，也点响了日子里轻软的影子。林徽因学习建筑，也学习舞台设计，林徽因对画画精通，对中外文学熟谙，她的诗歌承载的厚重，也就多了节奏、人文、历史、空间、留白，各种能想到，能悟到的情景皆于诗作中了。这便是她写诗歌无法比拟的优势，诗作的一鸣惊人，也就自然情理中了。

看这《笑》，几人能勘破这"笑"，那么得甜蜜，芬芳。这是林徽因纤软、闪亮的笑，轻弹着云波，轻浪的纹路，别样地迷人。一如她的诗歌中散发出的沉香，醉人、醉心。

第四章　问这秋

　　秋天是一个多思的季节，秋天的泥土中散发着湿湿的氤氲，秋天里瓜熟蒂落，秋天收获迷人的锦色。秋天，成熟、圆满。其实秋啊，在风中也挟夹着一层薄薄的萧瑟，落叶在飞舞，一山山的枫红，一山山的沉翠，似都有倾诉不完的故事。秋天让人迷失、走丢，易伤感、伤怀、伤心，秋天也让人充实、丰沛，能在成熟中体悟到一种盛宴的丰美。这秋，秋天多情着、矛盾着，却又有着一股沁人心脾的清凉气息，缓缓的云，缓缓地流动着诗意清芬、温婉，无以媲美的秋意浓。

　　古今中外的诗人大多爱秋，林徽因也不例外。对秋天的挚爱，或许能从她笔下探知一二。

正与生命里一切相同，
我们爱得太是匆匆；
好像只是昨天，
你还在我的窗前！

笑脸向着晴空
你的林叶笑声里染红
你把黄光当金子般散开
稚气，豪侈，你没有悲哀。

你的红叶是亲切的牵绊，那凌乱
每早必来缠住我的晨光。
我也吻你，不顾你的背影隔过玻璃！
你常淘气的闪过，却不对我恫恫。

可是我爱的多么疯狂，
竟未觉察凄厉的夜晚
已在背后尾随，——
等候着把你残忍的摧毁！

一夜呼号的风声
果然没有把我惊醒
等到太晚的那个早晨
啊。天！你已经不见了踪影。

我苛刻的咒诅自己
但现在有谁走过这里

除却严冬铁样长脸

阴雾中，偶然一见。

《给秋天》、《秋天，这秋天》、《十月独行》、《红叶里的信念》，这些写秋天的，或者秋天里抒发的诗歌，有别于林徽因前期诗作的轻灵、精巧。这几首诗歌中，所吟诵的篇幅拉长拉开，节奏上更为紧凑，挥洒时张弛有力。一气呵成的《秋天，这秋天》七十多行，《红叶里的信念》达到了一百行，这是林徽因诗作中少有的风格，特别是这些长诗钟情于写秋天，就更富有想象和韵味了。

秋，给了林徽因怎样的一些触动和深度思索，让她情不自禁地吟诵着，长长绵绵地，荡气回肠地诉述？

术有专攻，业有所成，在事业上日臻丰满的林徽因，步入了一个人生理想的收获期。在民国依旧是女权不解放的大时局背景下，她能取得如此的骄人成绩，不但突破了自我，也是女性能承担社会工作和科学工作的一个重要例证，谁说"女子不如男"，在建筑学上的成就和突破，林徽因向世人证明了女子的"能"！这是努力、付出、经营下的美好花果，林徽因获得了，同时，她也付出了巨大的艰辛和痛苦，在东北大学建筑系的几年拼搏中，过度劳累等因素诱发了她肺病缠身，至此，她不得不停下所有的工作，专心养病、调理。这对正处在事业黄金期的林徽因来说，无疑是一个极大的打击。人的一生中，与生命背道而驰的，往往是最为得意和顺利的时候，也是充满了无数愿景和渴望的时候，就是这样的时刻，通常会有一些意想不到的艰难和挫折横埂在前进的路途上，林徽因遇到的情形便是如此。她那么年轻，却获取了那么多的硕果；她那么年轻，生命途中却遭遇了最大的"敌人"；她那么年轻，才开始初放着含露的蓓蕾。可是，人生际遇如此，生命常态无形，都得接受这命运的洗礼，都得经得起病痛的考验。

在这种错综复杂的心情交织下，林徽因内心会产生怎样的感慨？生命的春夏秋冬，孩提时的葱茏、无羁、天真童趣，她走过了。夏的炙热与热烈，在爱情中，在事业上她完成了一次完美的蜕变，她历经了。从春走到秋，似乎，该是迎接饱含清露的一个季节，硕果累累迎风招展，等待她的采撷。但就是这么一个起点航线的征程中，她将自己撂下了一段路程，不得不搁下所有，疗养身体。

身体的垮掉，心理上自然而然会发生改变。抒写秋天，用秋天的蕴藉来表达内心再合适不过了。收成了，萧瑟中，清冷着，却又在沉甸甸中蕴含着希望。

林徽因的秋，是她生命的秋。她时常在秋去秋来中检阅着来去过往。尽管她知道，肺结核在当时是不治之症，但是，她依然热烈地迎着每一个秋，来了，去了。而她，仍然继续写着秋天的思索和秋天的成熟。

秋天，这秋天
这是秋天，秋天，
风还该是温软；
太阳仍笑着那微笑，

闪着金银，夸耀

他实在无多了的

最奢侈的早晚！

这里那里，在这秋天，

斑彩错置到各处

山野，和枝叶中间，

象醉了的蝴蝶，或是

珊瑚珠翠，华贵的失散，

缤纷降落到地面上。

这时候心得象歌曲，

由山泉的水光里闪动，

浮出珠沫，溅开

山石的喉嗓唱。

这时候满腔的热情

全是你的，秋天懂得，

秋天懂得那狂放，

秋天爱的是那不经意

不经意的凌乱！

才华横溢的林徽因，坚信会拥有生命里每一个美好的秋天，当枫叶红了的时候，当秋风又徐来的时候，化作了一枚坚实的信念，植入到了心房中，等下一个春暖花开。

都说林徽因的爱情诗篇令人心动、沉醉，其实不然，稍作了解就会发现，林徽因作品中，多有描写市井、民众题材的诗歌。她透过窗子之外，在熙熙攘攘的人群里，在荒芜上，在行行走走的歇下、提起的瞬间，捕捉着每一个生命，每一次变迁的精彩和感悟。《茶铺》、《年关》、《微光》、《旅途中》、《小楼》等，都呈现出民国时期人们的生活境况，以点为核，辐射辽远，这些精湛的小诗中透露出的许多信息，意境深远，值得后来人细品、沉思。

> 张大爹临街的矮楼，
> 半藏着，半挺着，立在街头，
> 瓦覆着它，窗开一条缝，
> 夕阳染红它如写下古远的梦。
>
> 矮檐上长点草，也结过小瓜，
> 破石子路在楼前，无人种花，
> 是老坛子，瓦罐，大小的相伴，
> 尘垢列出许多风趣的零乱。
>
> 但张大爹走过，不吟咏它好；
> 大爹自己（上年纪了）不相信古老。
> 他拐着杖常到隔壁沽酒，
> 宁愿过桥，土堤去看新柳！

明净而新鲜的一首《小楼》，是林徽因吟诵的昆明即景。寥寥几笔，古街、古景、老人、新柳，托盘而出的妍色，像一涧清冽的汤泉，天然中跳跃，朴实里玲珑，笔下真实，感情诚挚，这不可多得的晶莹透亮的小诗，别开生面的布局、运笔，不由使人眼前一亮，顿觉活泼、生气。

　　林徽因的诗歌没有徐志摩的诗作那么的柔媚、娇嫩，却多了几分坚韧的弹性。林徽因的诗歌，有别于当时许多女诗人的呻吟之作，有社会担当的一面。林徽因的诗歌其实是她内里的呐喊和心声，说是大众在看，在揣摩，在深悟，其实，谁能真得懂她！一如我们不懂的这个现实社会一样，或拨开浮云的那一天，已是近黄昏。只是，也有少数的同行人陪着她慢慢地走着，走着……不论当时，当下，都有这样的知己、诗友。这就是诗人的无憾，有人懂你，或只有一个人懂你，哪怕这个人是自己，亦无悔！

　　岁月就是一首诗，一首无言的歌。在静默中，我们常常更为清晰、也同时充满着倾吐的欲望，于是，这便成了诗人们写作的大好时光。但凡安静，便会滋生诗意情怀。林徽因的《静坐》，她悟到了什么？

　　　　冬有冬的来意，
　　　　寒冷像花，
　　　　花有花香，冬有回忆一把。
　　　　一条枯枝影，青烟色的瘦细，
　　　　在午后的窗前拖过一笔画；
　　　　寒里日光淡了，渐斜……
　　　　就是那样地
　　　　像待客人说话
　　　　我在静沉中默啜着茶。

　　林徽因的窗子，里外没有隔阂，它是澄清的一堵通亮，外即内，内可透视外面。静静地时候，每一个人的姿态都那么的相似，只是，真正的静，是如一面平镜般的坦然，看它是你，你则也是它了，互惠融通，彼此心意了然。这样的寂静下，一杯茶，一缕烟，一个影，一支笔，可不就是当下、全部了。一切都因为这静，你静，而不是世界的静止，如此而已。林徽因能参透这静中的美妙，静中的乐趣，静中无限大的空间，因此，她的诗行就多了一种淡淡的流溢光华，不急、不躁、不痴、不迷，清水出芙蓉，"正中擎起一枝点亮的蜡，荧荧虽则单是那一剪光，我也要它骄傲的捧出辉煌"。

林徽因捧出的辉煌，何止这些，在小说，散文等文学领域，她一样着墨着不一样的精彩！同样成绩非凡，令人刮目相看。

第五章　塑文华

　　在新月诗派的众多诗人中，大多以诗歌创作为核心，涉及、延伸到散文、小说、戏剧等领域的诗人极为少数，沈从文算是新月派中一位出类拔萃的，也是在文学领域多发展、有突破的诗人，如果再仔细甄别、发掘，不难发现，以诗作为主的林徽因，其实在散文、小说、戏剧上也收获颇丰，且独具视角，别有特色，运力深厚，均属上乘的佳作。尽管林徽因留存的作品为数不多，但其研究价值却颇大，实有意义。

　　论林徽因的文学处女作，真正算起来，应该是算她 1924 年在《晨报副镌》上发表的一篇王尔德童话译文《夜莺与玫瑰》，这是林徽因第一篇见报的文学类作品，当时并没有引起外界很大关注，也没有激发起她本人的创作热情，这也许就是林徽因爱好兴趣的一时产物，"玩票"之作罢了。不过，由此可知林徽因对文学的感悟力一直存在，只是缺一个破发点，或暂时没有时间来应付本属于爱好的文学创作，在她生命中，文学就是一抹淡彩，仅仅是图画中的着色点之一，可她却一样挥笔得充满情趣和乐趣，顺手拈来，恣意花开。

萧乾先生的夫人文洁若毫不掩饰对林徽因的喜欢和称赞，她道："欧洲文艺复兴时期，曾出现过像达·芬奇那样的多面手。他既是大画家，又是大数学家、力学家和工程师。林徽因则是在中国的文艺复兴时期脱颖而出的一位多才多艺的人。她在建筑学方面的成绩，无疑是主要的，然而在诗歌、小说、散文、戏剧等方面，也都有所建树。"

林徽因的才学和机智，可以在当年的"太太的客厅"里得到印证，她所展示的辩机和知识，非一般人能所及。她思维清晰、敏捷，热得似一把直率的小火苗；她热烈、激情，对于真理执着、坚持；她在文学沙龙上的高谈阔论，不但没有影响众人对她的认识、看法，反而得到了更多的爱慕和尊敬，这样的人思想跳脱，思维活泼，这不但是她语言上的天赋，也是性格使然的结果。这样的心性，在小说创作上会产生什么样的"化学反应"呢？

林徽因一生只有六部小说问世，确是稀少，但是，这些作品在当时包括现在都引得许多学者研究，有人说，根本看不懂她创作的《窘》、《九十九度中》写了什么，作品表达、传递着什么。

《窘》于1931年夏初发表在徐志摩编辑的《新月》刊物上，

是林徽因发表的第一篇小说。这篇小说是林徽因的实践性尝试作品，很具有创新性和开拓性，小说不走传统的套路，善于着墨于心理描写，对每一个出场的人物，都带着同样的细腻手笔和温婉情愫，主角不是主角，配角不一定是配角，他们只是在林徽因笔下担任和担当不一样而已。

《窘》中，34 岁的维衫爱上了朋友少朗 16 岁的女儿芝，思想差异，年龄界限，辈分悬殊，这是摆在面前的无法更改的事实，因此，便演绎了一次次令人窘迫的尴尬场面。手法别具一格，运笔丰满细腻，林徽因的小说，融汇了诗歌中的美感和韵调，也有建筑学上空间布局的宏阔、射线，方方面面地互为渗透，每个点都散发出不同的色泽和蕴含，让小说即使在看似破碎中也有一种无形的主旨贯穿其中，充满了布局的玄妙和设计的精巧，令人回味悠长。

《九十九度中》更甚。这个以华氏 99 度高温作标题的小说，据说当时在《学文》创刊号上发表后，并没有引起太大的关注和反响，与发表《窘》时一样备受冷落。即使有关注的学者，也称"读不懂"。这倒奇了怪，为何一篇文字也将专家们难住了？难道是作品太多瑕疵，还是太过新颖、前卫，让人摸不着头脑？

其实，林徽因创作《九十九度中》的时间是在 1933 年，而作品发表于 1934 年，说明这篇小说压在箱底一整年了。据说朱自清之前曾读了此手稿，也给出了"确系佳作，其法也新"的认可。但是，林徽因并没有因此而产生将该作品马上面众的想法，于是一直搁浅、等待，直到《学文》的创刊号上才与读者见面。是林徽因对自己的文字不够自信，还是有它因，在今天看来这些都不重要，重要的是这篇小说创作的意义所在，它让学者也生迷惑了。一位国立大学文学教授说，完全读不懂这篇小说，现下的人呢，读懂了吗？或许真的许多人都没有读懂，或者在慢慢地懂得之间徘徊，似乎"曲高和寡"了。当然，也有专家说了，比如李健吾就写过一篇评论，他说：

"一件作品或者因为材料，或者因为技巧，或者兼而有之，必须有以自立。一个基本的起点，便是作者对于人生看法的不同。由于看法的不同，一件作品可以极其富有传统性，也可以极其富有现代性。"

他还道：

"在我们过去短篇小说的制作中，尽有气质更伟大的，材料更事实的，然而却只有这样一篇，最有现代性；唯其这里包含着一个个别的特殊的看法，把人生看做一根合抱不来的木料，《九十九度中》正是一个人生的横切面。在这样一个北平，作者把一天的形形式式披露在我们眼前，没有组织，却有组织；没有条理，却有条理；没有故事，却有故事，而且有那样多的故事；没有技巧，却处处透露匠心。一个女性细密而蕴藉的情感，一场在这里轻轻地弹起共鸣，却又和粼粼水波一样轻轻地滑开。"

李健吾的肯定，无疑让更多的人开始关注《九十九度中》，尽管这么多年过去了，依旧有一拨一拨的人在问自己"看懂了吗?"依然会有人说"没看懂"答案,切确的疑惑。但是,这部作品却真值得去咀嚼、去回味。佛祖的"拈花一笑",或许在场只有迦叶尊者一人悟了,这不是从另一个角度说明一个问题嘛!林徽因的小说创作,敢于探索,敢于不同,也敢于向传统、自我挑战,将生命里能取来的汁液养分全部浇灌于此,从而达到的不再是单纯的形式上的文学作品了,它的截面反应出更为广大的生存空间,所运用的知识矿场、宝藏更为丰富多样,技法且饱含着东西方文化融合合并后的精髓和要旨,具有无限魅力。

林徽因还创作了模影零篇《钟绿》、《吉公》、《文珍》、《绣绣》四篇一组系列小说,都发表在了《大公报》"文艺"副刊上。1935 年,在林徽因编辑的《大公报文艺丛刊·小说选》中,也辑录了林徽因的"模影零篇"作品。林徽因一生仅创作了六篇小说,虽为数不多,却都称得上是不可多得的好作品,一直闪耀着光华和曦晖。

《窗子之外》,是林徽因很负盛名的一篇散文。窗子之外,都是些什么?在贵族大家庭中成长的林徽因,留学过英美的林徽因,嫁入极富声望梁家的林徽因,也有了一定成就的林徽因,她的世界里,窗子内外有着什么样的不同?走入街市,走向人群,走进茫茫然然的熙熙攘攘中,到底哪儿不同了?林徽因打开自己的视角和思维,从理性的角度诠释她看到的窗子内外,以女性的细腻感知人间百态、人世辛酸,窗子之外,窗子之内,不走出去,不走进人海中,哪有这么多的真实感怀和人生悟性呢?来源于生活的,认知于生活的,都得为生活服务好,周全好,让更多的人认取生活的真谛,人生的本真。

　　林徽因两篇悼念徐志摩的散文，可谓是上乘之作。《悼志摩》、《纪念志摩去世四周年》，融入了太多的思念，太多切切的情感，真挚感人、朴实无华，并没有嚎天喊地的一味眼泪熏染，一个"情"字感怀人，一个"真"字打动人，一个"念"字伤心人，林徽因与徐志摩的情感，是一种精神的契合，对艺术的追求，对美好的认同，对彼此的懂得，他们是难得的知己挚友，这样的感情，是不能狭隘在"爱情"这样窄窄的范畴里，是一种让人更明朗的，更欢欣的，更自如的第六感觉。爱情会枯竭，友情却可弥足长存，珍贵无比。

　　林徽因的散文作品也不多，曾创作的《蛛丝与梅花》、《窗子以外》、《究竟怎么回事》、《彼此》、《一片阳光》等也非常受欢迎，她的笔法有种炫而彩的与众不同，独特的触角延伸的方向和内蕴，总让人为之一动，心中花开。

　　学过舞台设计的林徽因，在戏剧创作上也得心应手。一部《梅真同他们》，再次展示了她的文学才华和艺术功底，浑厚天成，一幕幕剧情在她的笔下婉转成书！

　　人生便是这幕舞台剧，一旦拉开，随之而来的精彩，赢得一阵阵掌声，经久不息！

第五卷
三生石上三生缘

第一章　三段缘

对感情的追寻和价值的追求，二者都是林徽因人生信仰中不可或缺的构成部分，极为重要，这是两股滋养着林徽因生命恣意绽放的源泉和动力。一个人如果没有爱情，那么他的生命将是一片荒原、漠地；是小草不发，甘露枯竭；是亦如一尾"沙漠鱼"，只能苍凉在西风中等待绿洲、清风的迁徙，来抚慰干裂唇齿。若一个人没有了价值取向，那么他的血脉就如一条条干涸的阡陌，即是纵横交错，也不过是一张无形无矩的大网，网住了人之心性、本初，性灵则被那些中规中矩的陈化所束缚、捆绑，那么，他又何来有心田泽泽，水湄泱泱的波光潋滟之美呢！

崇尚一个"真"字的林徽因，她岂能受生活的摆布和人性的禁锢！

于是，林徽因说：

"我的主义是要生活，没有情感的生活简直是死！生活必须体验丰富的情感，把自己变成丰富、宽大能优容能了解，能同情种种'人性'，能懂得自己，不苛求自己，也不苛责别人。不难自己以所不能，也不难别人所不能，更不怨命运或是上帝，看清了世界本是各种人性混合做成的纠纷，人性又就是那么回事，脱不掉生理、心理、环境习惯先天特质的凑合！把道德放大了讲，别裁判或裁判自己。任性到损害旁人时如果你不忍，你就根本办不到任性的事。想做的事太多，并且相互冲突时，拣最想做——想做到顾不得旁的牺牲——的事做，未做时心中发生纠纷是免不了的，做后最用不着后悔，因为你既去做，那件事便一定是不可免的，别尽着罪过自己。"

于是，时光如水中，总会饱含着多情的月光，在温润如玉时撬开这夜色如岚的徐徐，他美好着，任由汲取着；总会有一面澄澈、干净的湖镜，你即是他，他即是你了，不分彼此的亲近，偶尔也抵对着起波澜；也总会流水遇青峰的绝妙映衬，流水去处，青峰崛立，青峰不改，流水不息，一曲"叮咚"，捧出知音七弦，互为懂得，这便是生命的本真和最终的追寻。

于是，敢为的林徽因，一直在感情面前不做作，不掩饰，不拘着。她在谣言纷纭中，能真诚、坦荡地对待与徐志摩的微妙情愫，坚守友谊长存。她的态度不同于一般人遇难事便退避三舍的自我保全做法，她认定的，坚持的便会去承担和接受。其实，这人与人之间，人与人的感情，桩桩件件哪一个不是难以捉摸和参透呢！真不是仅凭理智就能把握和操控的。

　　对于徐志摩和林徽因的情感，在当年和现下，都有许多疑惑不能真实地解开。他们到底是恋了，还是没恋，或者是牵手后又离别了？在今天看来，许多人想知道的是最终的果，而对于那时花开的美好与嫣然，倒是其次了。感情的事情是最难以说清楚、道明白的，只有当事人保留着当初的遇见、发生和发展的情感轨迹，任何人去猜读、揣测，寻丝觅迹都是徒劳无功的枉然而已。

　　徐志摩是一枚灿灿的太阳，热烈、奔放，散发出炽热的光芒，无论做事、写诗，还是在情感追寻上都如此这般的滚烫，让人深陷一股火热中。他的敢于释放，无私释放，这让他的情感历经丰富了，但也波折，特别是他与林徽因的一段若明若暗的情愫，半个世纪已过去了，许多人还在不予余力的挖掘。就林徽因留下的文字记载和与子女在这问题上的交谈上看来，徐志摩一生都将林徽因作为"美、爱、自由"的化身，在他心中，林徽因的美好，就是他追寻的极致，恰恰是这样的因由纠结，一直缠绕在他们的故事里。

　　徐志摩爱林徽因吗？没有人会说他不爱她，这已经是得以肯定的事情，但是，他爱的是林徽因，还是林徽因身上的光华绝妙，这就很难说清了。总之，徐志摩对于林徽因，参杂的情感太多太复杂，而林徽因回应的微妙，虽在有意退避中，却仍然将徐志摩做了精神上的同路人，他们互为鼓励，在认同中走过了流言的风风雨雨，两人皆无悔！林徽因是徐志摩炙热下，柔美的一弯清月，皎洁在水未央中无法捕捉，他为爱逆流而上，她则为美好守护心田。有一句歌词，说"白天不懂夜的黑"，那太阳可懂月亮的心呢？徐志摩是浩空中壁挂的火红太阳，林徽因则是夜色褐眸里的清辉，他们在不同的人生轨迹上，只能注定彼此相对守望，知心相伴一生。很多人将无法透视和弄清的感情，笑称为第六种感情，这种感情是如何的呢？是不是正如林徽因和徐志摩他们这种既懂得，又相惜相知，又在坦荡、互助中生长起来的这种饱满情感。是这样的吗？

走过风雨，未必人人都能见到彩虹。其实大多数时候彩虹早已深种于心，它一直翕动着荧荧的锦色，迷离、光耀、炫目中令人无限向往、神驰。

林徽因和徐志摩的故事，似一道靓丽的彩虹，来时夺目，去时留影，充满了玄迷。如果说他们的故事宛如一首诗歌，每个人读，每个人或许都有自己的感悟和懂得，不尽相同。然而，林徽因与梁思成的情感则不同，他们的相恋、相知、相扶、相拥，一生尘埃落定，圆满美好，两人携手功成名就。

有人或许心中会默默地疑问，是梁思成成就林徽因一生辉煌，还是林徽因成就了梁思成的梦想，还是他们彼此成就了心中的愿景和信念？梁思成温润谦谦，林徽因朗朗干练，他们的契合本就是最为般配和和谐的爱侣搭档，在性格上互补，在情趣上相投，在事业上同行，他们有许多得天独厚的性格、家庭以及学识优势，让情感更为的牢固，让生活充满阳光的味道，让抵对在时光中磨平棱角。

梁思成是林徽因生命中的一面哈哈镜，梁思成具有的人格魅力和君子之风，始终让林徽因感到安全和独立，这个男人从不羁绊自己妻子的思想和灵魂，这就是他的好，她可以自由地发挥自己天生的优势，做自己想做的事情，所以总体上梁思成带给林徽因的是快乐和幸福！同样，林徽因也是梁思成的一面平镜，她的美好，她的才气，她的个性，都是梁思成爱了的模样。他们在建筑学上孜孜不倦的一致追寻，成为了一根牢固缠绕的红绳子，一直牵引着他们走下去，攀爬得更高。他们是彼此的镜子，不分里外，不分谁是谁，不分高低深浅上下，他们一生融为一体了，也只有这样的一对人儿，相互影印下，才会光芒四射，这是天赐良缘，无人不羡慕这样天作之合的姻缘。尽管，他们的感情路上也布满泥泞过，红灯也闪烁亮起过，但都被相互的包容、宽厚、理解和付出化为了绕指柔，一生婚姻美满！

在林徽因的情感经历中，如果说起她与徐志摩的故事，她或许会予以否认，但是，对于她的另一段感情，她则敢于承认，也敢于拷问自己的情感的真实。

当林徽因发现自己爱上了金岳霖时，她不是采取回避和迂回的隐蔽方式，而是主动的向自己的丈夫提及这段感情的原委和想法，这样的明朗做法，显然是新式女子的思维。留洋过的林徽因，在勇敢和担当上，与同时期的民国女子是截然不同的，她这种坦然的处理，反而赢得了梁思成的豁达与宽容。梁思成不但没有更多的责怪和抱怨，反而尊重她的选择，让林徽因真正看到了自己丈夫有一颗金子般的心，这不是能装出来的权宜之计，也不是故作男人的大度，他懂她，就够了！金岳霖听了这段故事的前后，也更加尊重林徽因夫妻俩，并认定他们为一生可以交心交往的朋友，于是，就有了后来人常谈论的林徽因与金岳霖高尚的爱情故事，并对之称颂，仰慕。

这一段佳话，一直传诵。后来，金岳霖一直在这对夫妻的视线内生活，住地不远，有些年他们两家人是前后院的邻居，他们有时聚餐在一起，因为近，所以常"资源共享"饭食，两家都有好厨子，都好这一口。金岳霖对待林徽因和梁思成的一双儿女，也是深爱，有时带他们出去玩，有时上下课也去接送，暮年的时候，金岳霖是在林徽因的儿子梁从诫那儿度过的，可想而知，一个将他人的孩子作了自己孩子的男人，该是多么的细腻、温存。金岳霖，一生未娶，但他，一生未有委屈，爱一个人，就是爱上她的一切，就是默默地付出与支持，从来无怨无悔！

林徽因在给沈从文的信中曾道：

"不过我同你有大不同处：就是在横溢奔放的情感中时，我便觉到捉住一种生活的意义，即使这横溢奔放的情感所发生的行为上纠纷是快乐与苦辣对渗的性质，我也不难过不在乎。我认定了生活本身原质是矛盾的，我只要生活；体验到极端的愉快，灵质的，透明的，美丽的近于神话理想的快活，以下我情愿也随着赔偿这天赐的幸福，坑在悲痛，纠纷失望，无望，寂寞中捱过若干时候，似乎等自己的血来在创伤上结痂一样！一切我都在无声中忍受默默的等天来布置我，没有一句话说！（我且说说来给你做个参考）"

　　她还说："如果在'横溢情感'和'僵死麻木的无情感'中叫我来拣一个，我毫无问题要拣前面的一个，不管是为自己还是为别人。人活着的意义基本的是在能体验情感。能体验情感还得有智慧有思想来分别了解那情感——自己的或别人的！"

　　这就是林徽因，林徽因的感情观念，对于人生观和价值观的取向，决定了不一样的林徽因，以及她的爱情故事令人目眩神迷，充满了温柔的橘红，摇曳得似深巷中缱绻的烛火，那么得温暖，微微一剪光，扑闪地在月光如水中，纷纷流溢着感动。

第二章　老婆好

　　中国人有句俗语："文章是自己的好，老婆是人家的好。"
这倒不是有意夸赞自己，或嫌弃相濡以沫的妻子，在中国人的
世界观里，比较自信自我，这是从心底上蔓延出来的气韵，非常
的魄力。同时，五千年文化浸染的中华民族，许多女性囿于尊夫、
从夫、顺夫的传统禁锢之中，思想难以开拓，情感相对内敛，因
此，夫妻情势上易刻板、遵从，或有时就难免少了些许美好的情
趣。贤良，淑德，温婉，这样的妻子可以持家，安家，兴家，是
男人心中的贤内助，但，却不是男人爱情故事中的良人，也就有
了"老婆是人家的好"的诸多遐思和幻想。这样的感情定式，却
被梁思成一句话语推翻了："老婆是自己的好，文章是老婆的好。"
只要是关乎林徽因，那就一切都好，在梁思成的世界里，林徽因
占领的不是一席之地，而是整个高处的经幡。

夫唱妇随，在寻访古建筑之路上，他们的脚步永远都是契合的

婚前，他问她："有一句话，我只问这一次，以后都不会再问，为什么是我？"

她答道："答案很长，我得用一生去回答你，准备好听我了吗？"

缘来如此，他们完整，完美的一生给予了当初誓言的全部诠释。

她对他说："我苦恼极了，因为我同时爱上了两个人，不知道怎么办才好？"

作为她的丈夫，作为一个男人，他听后非常震惊，心中有如烈火锻造，一夜痛苦不堪的折磨，但是，他冷静思索一晚后，毅然告诉妻子："你是自由的，如果你选择了金岳霖，我祝你们永远幸福。"

这是对妻子何等的心灵爱护和情浓真挚啊，他是梁思成，是爱了林徽因的梁思成。林徽因的坦然大胆和毫无保留，丈夫即是知己，也是大哥，更是当事人，如果林徽因走传统女子的保守路线，不公开，不诉说，无非演变成"相思苦熬"，对三人都不公平，再者，说不定也会增大"婚外情"的机率，这是无法预测的情感走失，恰恰是这位开明的新式女性，将丈夫作了真心人，诉情，诉苦，诉茫然，并没有似其他女子的故作和扭捏隐藏着。人的情感一生都很复杂，在心灵上从一而终的人极少极少，岔路口总会有，只是在岔路口遇到的上师，很大程度上影响着"路盲人"的决定，或遇人不淑，或刚好巧遇智者、清者、明者，那便是福分和运气了！

梁思成此刻扮演的角色重重，但是，可以肯定的是，他的确是一位上师，明了，看得清原委，也懂得妻子，懂得人性的真实，所以，他为爱放行！他为妻子能收获更大的幸福而退步。这一做法，打动了思想动摇中的林徽因，她不但没有离开他，反而感动中说了一句让梁思成终生难忘的话语："你给了我生命中不能承受之重，我将用我一生来偿还！"就如当初婚前的诺言，铿锵有力。后来，林徽因将经过原原本本说与金岳霖，这位智者叹道："看来思成是真正爱你的，我不能去伤害一个真正爱你的人，我应该退出！"这样的性情同样坦坦荡荡，令人钦佩，三人并没由此产生芥蒂，反而更放心，更关怀，更坦然。

正是因为林徽因的情感处理方法和技巧，让她和梁思成的婚姻走到圆满的终点。

金岳霖（左一），一生逐"林"而居

林徽因与梁思成的感情和婚姻，或许有许多人从心里都会暗自问到："他们是真的相爱吗？是真正的幸福吗？"

一位是梁启超的大公子，一位是林长民的长女，他们同样出身名门，门第自是不说，两家都是以书香传家，瀚文弄墨，梁启超和林长民都是学问家中的骄子，二人都是名高才显贵不可言。其子女一个是清华才子，理科佼佼者，兴趣爱好广泛，多特长；一个是面容美好的才女，文学文艺女青年，见闻颇多，研究宽泛；这样的一对金童玉女，这样的家世背景，就撇开政治联姻的俗套说法，也不失为好姻缘。尽管梁启超的说法是"尽管两位父亲都赞成这门亲事，但最后还是得由你们自己决定。"但是，这个联姻，却是既定事实，没有特殊的外界干扰，林梁两家都不可能悔婚。还有什么比这更适合的更好的婚姻！

梁思成学建筑学，是因为林徽因喜欢，爱屋及乌，这算不算是一生倾情奉献呢！

林徽因的美好，让梁思成也是紧张的，虽说两家说定了这事，但是世间事是万千变化的。他们的情感稳固，也许，有两件事起到了很关键的作用。

两人出国留学前，梁思成骑摩托车摔断了腿，据记载，是梁思成和弟弟一起去参加游行途中不幸受伤的，也有说法是林徽因因为想吃橘子，梁思成为林徽因买橘子途中摔断的；后者提法这毕竟是传言和猜测，就梁启超给大女儿思顺的信件来看，梁思成是参加 1923 年"五七"国耻游行受伤的，后来多以此提法来定位梁思成腿伤的缘故。梁思成的腿断，身体受到了极大的损伤，但是，却赢得了林徽因无微不至的关怀，不计性别之嫌，周到关怀住院中的梁思成，做得细致，周全。梁思成母亲曾认为不妥，未过门的媳妇就一点不避嫌的照顾，与传统和体统不符，还有些许埋怨和想法，倒是林徽因也不在乎这些念叨，一如既往的对待病中的梁思成。想来，梁思成心里是幸福极了，林徽因这样的表现，确切无疑地将自己作了未来丈夫看待，他这是暗自欢喜中。当然，见地非凡的梁启超更为放心了。这是两人感情增进的插曲之一。

另一则便是在林长民意外去世后，梁启超对待林徽因的态度，林长民一去，林家不但少了精神的支撑，更重要的是家庭的收支也失去指望。而林长民一生在金钱上虽不是视为粪土，也是干净清廉，他没有积蓄，连身后事都是梁启超在支撑着办完，随后的林徽因留学费用也便成了一个难题。这个时候的梁家并没有因林长民的去世而弃了林徽因以及林徽因的母亲不顾，梁启超写信与梁思成和林徽因，安抚好受到打击的林徽因，将她作了自家女儿看待，告诉她，会尽自己力量供她念完大学，这样的仁慈关爱之举，令林徽因除了感激，还在感激中真正地读懂了一位长者的胸怀与博大，无疑为梁思成爱情长跑中增加了助推的动力，但是，并非俗世里所言的"吃人口软，拿人手短"的顺从，林徽因是真正的遇到了自己值得交付一生的一个人，一个疼她的长辈，一个大家族的温暖。

精神的契合，一致的追求，是林徽因与梁思成白头偕老的重要润滑剂，两个有共同语言，共同爱好，甚至学术上有争议的人在一起，碰撞时溅起的花火，当是别样的精彩炫目。林徽因是一个追求真理，不肯轻易认输的人，梁思成是一个学风严谨，思维慎密的人，他们两个人都有不弄清决不罢休的科学研究态度，倔强的事业态度，恰好都是彼此欣赏的做事风范，对于感情的增进实乃"百益而无一害"。

精神世界，是一个人真正的独立王国，当有一个人可以打开你精神世界的窗口，并能长期驻扎的时候，那么，这人便是你终生的知己，你在他的精神世界里也可以游历，他会主动地为你开凿爱的运河，泅渡你一生，一世。林徽因与梁思成，便有这样的默契和懂得，所以，感情的堡垒尽管也有烽火点燃，但能理智地止于长城之外，抵御风寒和雾霭的时而崛起。

再者，林徽因是一个思维活泼的人，行事作风干净利落，谈吐犀利、快人快语，朋友圈子广泛，深受男士精英的崇拜和仰慕，无论何时何地，她都是话题的制造着，话题的引导、主导者，话题的中心人物。因此，她在场的时候，梁思成通常是静静地配合自己的妻子，为在座的朋友们沏茶，或在侧安然听他们高谈阔论，他很少能插上嘴。这样的情形下，这样的场面中，梁思成累吗？心中有怨怼吗？妻子是众星捧月的主角，自己是默然旁听者，如果是在自己家中举办沙龙，聚会，还得亲自招呼、应酬、照顾好大家。梁思成累！但他的累却是甘愿的，情愿接受的。谁叫林徽因性格如此呢，谁叫她博学多才，倾吐滔滔不绝呢，谁叫她的丈夫是梁思成，是这个理解她，纵容她的男人呢。

林徽因去世后，梁思成和第二任妻子林洙谈到金岳霖为林徽因终身不娶的话题上时，她说梁思成曾道："林徽因是个很特别的人，她的才华是多方面的，所以做她的丈夫很不容易。中国有句俗话，'文章是自己的好，老婆是人家的好'。可是对我来说，老婆是自己的好，文章是老婆的好。我不否认和林徽因在一起有时很累，因为她的思想太活跃，和她在一起必须和她同样地反应敏捷才行，不然就跟不上她。"

对林徽因的爱和宠，造就了梁思成的累，他累得幸福，累得无法向人表白，也无法能表述清楚个中滋味。也许，他后来娶了一位平凡的女子，正说明了一些潜移默化的心结其中。他的世界里太想安静、安定、安心了。

第三章 知己心

或许，一部《人间四月天》娓娓演绎的林徽因与徐志摩之间的爱情故事，更加速加深了现代人对他们感情故事的探究和追问，不过电视剧毕竟是一个渲染过的加工过的艺术剧目，不可作历史参考依据。但不可否认的是，就这部电视连续剧引发的林徽因热，经过这些年，依旧薪火不息，研究和抒写她的文艺作品层出不穷，从小诗、散文、小说，到人物传记等，应有尽有，对林徽因的感觉各持己见。其中，她和徐志摩的感情经历，一直是人们关注的热点话题。

徐志摩爱林徽因，世人皆知。但是，作为他爱慕的对象，林徽因是否也同样爱恋过他，这就众说纷纭了，没有一个准确的答案，正是如此悬疑着，才有了继续研读的嚼头，许多人乐此不疲地考证着。

林徽因对徐志摩，从她16岁时遇见他，再到徐志摩为捧场她的一个讲座而途中不幸飞机失事遇难，都印证了那篇《偶然》，一切的偶然，都具有捉摸不透的联系和必然，又那么巧合。

在英国时的初相遇，林徽因青春年少，宛如一朵洁白清芬的栀子花，带着清露的滋润，深深地打动了徐志摩。那时的林徽因，花季是孤独的，在异乡，那么多的日日夜夜，没有一个可诉说和靠近的朋友知己。她年龄尚小，林长民交往的贵族、精英、名士，皆是成年成熟有身份的人，和一个小女孩，难以产生朋友的交情，因此，林徽因渴望在他乡能有一位知心朋友的陪伴，这是人之常情，而且是非常地渴望。从来小女孩心性，都难以独自承受孤独和一个又一个的寂寥夜晚，父亲又经常外出，留下林徽因灯下对影，心理上的需求，让她与徐志摩有了在这清冷的外国他乡一见如故的感觉。徐志摩虽然年长林徽因许多，但是，写诗人的心灵都是孩童般洁净的模样，有稚气和童真在，也是天马行空的自由飞翔着，对未知的情感世界充满了好奇地探寻和向往，眼中的翦翦眸光，一抹似水的铮亮和晶莹。

林长民对徐志摩的认同和相知，让这段小儿女的情感有了很好的交流平台，见面时有，林长民公寓凭添了热闹和学术的气息。这段时光所有人都应该非常的留恋和思及，自然的切磋，激烈的互动，热情洋溢自是了。也就是这样美好的日子里，与林徽因的相处，激发了徐志摩的诗歌灵感一发不可收拾，从而诗泉涌动，浪漫细胞也随之觉醒，大脑深层里有抑制不住的情感在迸发，急需诉说，而这个诉说的对象，写意的对象，便是林徽因了。

　　爱意绵绵的诗文流淌，很难见到不动心的主角，这是人之本性，条件反射的结果。林徽因之前没经历过爱情故事，对美妙情感的向往和诉求，在这情窦初开的年龄里，当是很容易被感染和打动，进而滋生异样的情愫来，你说 16 岁的她懂爱情吗？也许还朦胧，迷离中，说她不懂吗？其实已经是花枝待放的春天了。徐志摩的出现，尽管有年龄的悬殊，但是，成熟恰好是男人的魅力和杀手锏，似微微南来风一样的姿态，轻柔，细腻，拂过……林徽因有些动情就自然了。

　　这样的苗头，似乎是好也是坏，徐志摩是有妇之夫，林徽因是一位活泼清纯的少女，他们的轨迹开始就注定了距离。一个炙热心不可控，一个含羞不知所措，许多不匹配是摆在他们面前的事实。林徽因虽有诗人般的奔放情感，但是，她也是一位非常理性的女子，对于徐志摩的追逐，动了些微情感的她，冥冥中也许有了不踏实，不可靠的心理顾忌，于是央求父亲给了徐志摩一封书信，表明了心迹。

志摩足下：

　　长函敬悉，足下用情之烈，令人感悚，徽亦惶恐不知何以为答，并无丝毫 mockery（嘲笑），想足下悮（误）解耳。星期日（十二月三日）午饭，盼君来谈，并约博生夫妇。友谊长葆，此意幸亮察。敬颂文安。

　　　　　　　　弟长民顿首，十二月一日。徽音附候。

　　1921 年 10 月，林长民带着林徽因回国，没有知会徐志摩。

　　林徽因和徐志摩的最初情感发展，单纯而明洁，在林长民的快刀斩乱麻下，利落定位了这段感情的无疾而终。

　　回到国内，在双方家长的极力促成下，林徽因与梁思成迅速定情，确定了婚姻的走向，至此，似乎一切都安然落下帷幕了。

　　后来回国的徐志摩也曾试图唤醒林徽因的情感，他的炙热一度遭到了正热恋中的梁思成和林徽因的冷处理，但朋友关系尚未破坏。

　　这期间，也曾出现过丝丝缝隙的转机，不过，也是徐志摩单方面感觉的机会罢了。

　　1924 年 4 月，印度大诗人泰戈尔访华，给了徐志摩和林徽因多有接触的机会。两人共同担任翻译，并策划安排行程事宜。在这次访问交流中，徐志摩和林徽因一直陪伴泰戈尔左右，有一张两人侧立泰戈尔身旁的照片非常醒目，北京各大报纸也竞相渲染集会的盛况，其中李欧梵在《浪漫一代》中说："林小姐人艳如花，和老诗人挟臂而行，加上长袍白面郊寒岛瘦的徐志摩，有如松竹梅的一幅岁寒三友图。"一个长者衣袂飘然，道骨仙风，一对璧人年轻有为，一时间在北平引起了轰动，他们的故事再次被人们提及和议论。加之一出绝妙的话剧《齐德拉》，不光有这对饱受瞩目的人儿，更有林长民参与其中的角色，这让梁思成的母亲极为恼火，心中颇有微词，找了机会过话给林家，毕竟两家都是京城大户，这种情形成何体统呢！

　　但是，剧目是早就确立好了的，在泰戈尔 64 岁的寿诞上演绎，林徽因与徐志摩接触是在所难免。

费慰梅在《梁思成与林徽因》一书中提到过一段鲜为人知的事："5 月 20 日，是泰戈尔离开中国的日子，老人对于和林徽因离别却感到遗憾，年轻可爱的她一直不离左右，使他在中国的逗留大为增色。对徐志摩和林徽因来说，这一次离别又有一种特别的辛酸味。徐志摩私下对泰戈尔说他仍然爱着林徽因。老诗人本人曾代为求情，但却没有使林徽因动心。泰戈尔只好爱莫能助地作了一首诗，'天空的蔚蓝，爱上了大地的碧绿，他们之间的微风叹了声：哎！'"

于是，徐志摩对林徽因的追求希望，又从沸点中降到了冰点。此后，林徽因和梁思成出国，完成学业，完婚。徐志摩遇见陆小曼，经历轰轰烈烈的爱情长跑，也步入了婚姻的殿堂，各人安好，各自归宿，也许都称得上圆满吧。可是，一生追求本真的徐志摩总觉得缺些什么，在他与陆小曼从一场热闹非凡的故事中走入现实的油盐柴米后，生活酸甜苦辣咸才真实地摆在了眼前。应付生活，失去诗意，斑斓不在，徐志摩相当苦闷，然而总算是林徽因与梁思成待他的友谊常在，他们还可以精神交流，特别是林徽因在香山养病的一段时光里，徐志摩以一位导师的身份，引导林徽因走向了文学道路，他在林徽因写诗从文上功不可没，也让后来人目睹了一代才女的精彩笔墨。

而最终，林徽因与徐志摩的故事以最为刻苦铭心的方式结束了。

1931 年 11 月 19 日，林徽因在北京协和礼堂为外国使节演讲中国建筑艺术，得此消息后，徐志摩特意从上海辗转搭机赶赴而来，不幸的是，飞机在山东济南党家庄附近失事，年轻的一代才子就此殒命，化作云鹤仙然而去。后来，梁思成从事故的现场带回了一块飞机残骸，林徽因将此悬挂于卧室的床头，直到她去世。愧疚，心疼，还有那些说不清的前尘过往，他们的情感已不是单纯的情事恋情，师生情谊，兄长情谊，知己情谊，在相知相处的日子，谁不动心这些日日夜夜的那笑，那偶然泛起的波澜呢！

梁思成是一位好丈夫，一位无可挑剔的爱人同志，不然，他为何默默地支持林徽因将飞机残骸挂于室内中，一挂这么多年。一个男人，需要多大的胸怀来容纳。或许，他才是真正懂得林徽因的一个知己，这样说，不无道理。

1934 年 11 月 19 日，林徽因和梁思成去南方考察路过徐志摩的故乡——硖石。夜色中的幻影一幕幕走来，那些前尘过往让人忘记也难。于是，1935 年徐志摩忌日，林徽因写下了《纪念志摩去世四周年》一文表达她的悼念之情。

林徽因曾正式写下过两篇悼念徐志摩的散文，撼动人心，直激灵魂。天国有路，有香山，有诗歌的殿堂，他们依旧烟火，依旧一起畅谈生命，生活，和一切有生机的万象！

第四章　永相随

　　一个在精神上丰富的人，他必定是一位安静，睿智，开慧的人；一个在感情上饱满的人，他一定是一位有爱，懂爱，为爱的人；一个在行为上坦荡的人，他肯定是一位真诚，果敢，甘愿的人。将这些优点集于一身的人，可谓极少极珍贵，遇见便是缘，相知乃是福，若相爱则是三生三世修来的福禄了。

　　他第一次遇见她，她正值花季妙龄，青春活泼，他们在异国他乡的聚会上，在人群攒动中微微含笑而过，他年长她9岁，他们在各自的人生轨迹中循序渐进，那时他已是"大叔"的年龄，她还是一个小"萝莉"。再相遇时，赶上她的新婚，他为她送上了最特别的新婚祝福："梁上君子，林下美人。"多么俏皮，有爱的话语啊！当时，他们在各自所涉足的学术领域已然风华正茂，成为国内同行中的佼佼者，开拓性的灵魂人物。他们并在一次次的思想碰撞中，交汇着闪烁的光芒。他们可谓是同道者，同路人，精神的契合者。

她是林徽因，他是金岳霖。

他一生选择逐"林"而居，她习惯了他的娓娓相随，一辈子不离不弃的执着。他们的相遇，相知，相惜，让传奇充满了戏剧的目眩神迷，让柏拉图的爱真实在生活里，让人世的情爱有了深层次的诠释。他们自控，自爱，自守，展现着大爱无言，真爱沉默。

说起来，金岳霖与林徽因的认识，过程非常有意思，也有些艺术的色彩。

据林徽因的好友费慰梅说："徽因和思成待他如上宾，一见了他们，志摩就迸发出机智和热情。他乐意把那些气味相投的朋友介绍给他们……无疑地，徐志摩此时对梁家最大和持久的贡献是引见了金岳霖——他最挚爱的友人之一、清华大学哲学系教授'老金'。"原来，林徽因与金岳霖的结识，源于徐志摩的引荐，这也让他们之间扑朔迷离的感情故事多了渲染和挖掘的成分。

有人说，林徽因之所以成为林徽因，成为女性眼里的"公敌"，男人心中的"女神"，离不开梁思成，缺不了金岳霖，也少不了徐志摩。这个说法至今仍被提及，可想而知他们三人对林徽因一生的影响程度。推理及人，反角度思索，是不是也深刻的说明林徽因对他们的影响折射，成就了民国时期三位出色的男子?

梁思成不说也明了,徐志摩不表也分明,单说被称为"老金"的金岳霖。

金岳霖是我国著名的哲学家、逻辑学家、教育家,是一位严谨的学者,理性的智者,思维的慧者。他开启的中国哲学,与西方哲学相融,形成了独立的体系,他在中国的哲学界有着举足轻重的地位。就是这么一位有着科学头脑的思想家,他遇到他的钟爱时,选择了一辈子顽固坚守。

金岳霖曾留学美国、英国,游学欧洲诸国近十年,他与林徽因有着相同的求学经历,也有着相同的思想浸润,他们在生活理念上,在人生、价值观上,在向往追求上,无疑是非常接近和相通的,他们有着共同的语言,共同的理想抱负。这为他们的认识,认识后的交往,交往中的心心相印打下了坚实的基础。

当时,仪表堂堂的金岳霖也不乏追求者。一米八几的高大身材,西装革履的洋派衣着,谈吐不凡的学者气质,曾获得了不少优秀女子的青睐,据说当时有一位金发的美国女子一直追随金岳霖。当金岳霖真实地发现自己爱上了林徽因后,再也没将感情付诸过其他人,终身选择不娶,不婚。对感情的这种专注,当下人不能体会到的其中的不可思议,却这么实实在在地发生了。

金岳霖是梁家沙龙的座上宾,次次少不了他的出现。这或许与两家毗邻而居也有直接关系。1932 年，金岳霖搬到北总布胡同 3 号，与梁家同住一处。梁家前院，大院；金岳霖后院，小院。前后院单门独户，各不干扰。两家人时常合并餐桌子，聚在一起小吃，享受一份友谊的快乐。

这样的氛围，梁思成愿意吗？或者，这个问题也是当时和现下林徽因的关注者很想知道的。

男人的宽厚是什么？梁思成给了男人们一个答案。金岳霖也给了男人们一个榜样。

一位美丽的妻子，多才的妻子，能干的妻子，虽然让梁思成的一生都担承着无形的压力，但同时也给了他事业的动力。林徽因对金岳霖爱慕的坦诚，让梁思成备受煎熬，他也想过退山，也这样提议了。但，正因为夫妻两人彼此的豁达与真诚，他们最终不离不弃地走下去了。而金岳霖对梁思成的这一做法，更加感怀、感动，梁思成是一位优秀的丈夫，真正的男儿，他值得拥有林徽因，他也会疼爱林徽因一辈子。如此，金岳霖便选择了默默守候，于是，林徽因生命中就多了一棵白杨树的守护，不论风霜，他寂寂挺立，只为伊人而驻。

一个屋檐下，难免会产生矛盾。这里说的是林徽因与梁思成两人在生活中的小纠葛。互不相让时，金岳霖成了他们的仲裁。金岳霖是逻辑学家，是哲学家，他的慧眼，他的理性，非一般人所能比，他通常一眼就能透过表象看到问题的实质和核心。因此，在梁思成与林徽因两人突发矛盾，弄不清搞不明的情况下，会在金岳霖处申请"仲裁"。而金岳霖会耐心地一点点分析，将矛盾和问题理得一清二楚，自然就明了谁是谁非了，问题也就能解决了，最后，他们又和好如初。

七七卢沟桥事变后，金岳霖随梁家一起离开北平，转道天津赴长沙。后来，又先后抵达昆明。梁思成和林徽因继续经营中国营造学社，金岳霖则任教于西南联大，两家人多数时间仍然住在一起。后来，梁思成和林徽因从云南迁往宜宾李庄，生活十分艰苦，正值林徽因肺病严重，为了给林徽因补身体，金岳霖自己买小鸡饲养，盼望母鸡早日下蛋，能给林徽因补养身体。他自己也在休假时跋涉老远的路途，就为了看看这夫妻二人，陪他们说说话足矣。

金岳霖对林徽因的爱，用小说的语言和情节也难以描述清楚。这是一份什么样的情感，或许当事人也无法弄清吧？

林徽因去世后多年，一天，高龄的金岳霖郑重其事地邀请一些至交好友到北京饭店赴宴，众人大感不解。开席前"老金"才宣布说："今天是林徽因的生日！"在座的人无不嘘唏感叹！这是什么样的执着和信念，让这位迟暮的老人念念不忘当初，一个没有人再想起的日子，一个让他一刻也不曾忘记的日子，就是这样的一个日子，承载了他们多少美好的回忆。

别问曾经，别问结果，别问谁是谁，谁又是谁的唯一，只是，这一刻我想你了！

"一身诗意千寻瀑，万古人间四月天。"金岳霖对林徽因的爱，千年后也会传颂着。

在金岳霖 80 岁高龄的时候，当有人拿来一张他从未见过的林徽因的照片来请他辨别拍照的时间和地点的时候，老人的孩子举动，会令看过这段故事的每一个人为之流泪，感动。他凝视相片，端详她良久，然后嘴角渐渐地往下弯，像是要哭的样子了，喉头微微颤抖着，似有千言万语哽咽在那里，想对她说许多的话儿，却一时间不知从何说起，就这么看着就好，一言不发地。他紧紧捏着照片，像是怕她再从他的生命中飞走，怕她又离开他了。他注视许久后，慢慢地抬起头，像一个委屈的孩子似的，请求来人能将照片给他。

他说："可惜有些人已经过去了！"

他说："林徽因啊，这个人很特别，我常常不知道她在想什么。好多次她在急，好像做诗她没做出来。有句诗叫什么，哦，好像叫'黄水塘的白鸭'，大概后来诗没做成……"

他忽然高喊起来："哎呀，八月的忧愁！"

他念道："哎呀，'黄水塘里游着白鸭，高粱梗油青的刚过了头……'"

他欣慰地说："她终于写成了，她终于写成了！"

他挂念的，是林徽因一首《八月的忧愁》，林徽因创作时，也许，他在她身边。他所关注的林徽因，无时无刻不在脑海里。

《暮年金岳霖重谈林徽因：此情只应天上有》的一文中，有这样一段记录：

一九八三年十二月，我们编纂好林徽因诗文样本，到北京人民文学出版社送书稿，又再次去拜望金岳霖先生。

天已转冷，金岳霖仍旧倚坐在那张大沙发里，腿上加盖了毛毯，显得更清瘦衰弱。我们坐近他身旁，见他每挪动一下身姿都皱一下眉，现出痛楚的样子，看了令人难过。待老人安定一会儿后，我们送他几颗福建水仙花头，还有一张复制的林徽因大照片。他捧着照片，凝视着，脸上的皱纹顿时舒展开了，喃喃自语："啊，这个太好了！这个太好了！"他似乎又一次跟逝去三十年的林徽因"神会"了；神经又兴奋了起来。坐在这位垂垂老者的身边，你会感到，他虽已衰残病弱，但精神一直有所寄托。他现在跟林徽因的儿子梁从诫一家住在一起。我们不时听到他提高嗓门喊保姆："从诫几时回来啊？"隔一会儿又亲昵地问："从诫回来没有？"他的心境和情绪，没有独身老人的孤独常态。他对我们说："过去我和梁思成林徽因住在北总布胡同，现在我和梁从诫住在一起。"我听从诫夫人叫他时都是称"金爸"。梁家后人以尊父之礼相待，难怪他不时显出一种欣慰的神情。

看着瘦骨嶙峋、已经衰老的金岳霖，我们想，见到他实不容易，趁他记忆尚清楚时交谈更不容易。于是取出编好的林徽因诗文样本请他过目。

金岳霖摩挲着，爱不释手。陈钟英先生趁机凑近他耳边问，可否请他为文集写篇东西附于书中。然而，金岳霖金口迟迟不开。等待着，等待着，时间一秒一秒地过去了，我担心地看着录音磁带一圈又一圈地空转过去。我无法讲清当时他的表情，只能感觉到，半个世纪的情感风云在他脸上急剧蒸腾翻滚。终于，他一字一顿、毫不含糊地告诉我们："我所有的话，都应该同她自己说，我不能说，"他停了一下，显得更加神圣与庄重，"我没有机会同她自己说的话，我不愿意说，也不愿意有这种话。"他说完，闭上眼，垂下了头，沉默了。

这样的历久而深沉的感情，这样倾尽一生的陪伴，或许在他们之后，世间便再无此情了。

他是金岳霖。她是林徽因。他们的爱情故事，不问经年，不求结果，不管来生，只要今朝的我，想你了！

第五章　爱情花

每一个人都有一株爱情花，我们亲手栽种，亲手浇灌，亲手嫁接，亲手采摘。

这爱情花，在生命历程中，或曾各表几枝，姿颜各具，形态各异，芬芳各有。它们以最完美的形式招展于风雨中，以最优雅的颔首绽放于水未央，以最虔诚的坚守伫立于生命里。爱情花，世间最洁白最洁白的花朵，它们极近，遥远；遥远，极近。一辈子让人挂牵和向往。

谁是当初最青涩的那一朵，谁是后来最饱满的那一朵，谁又是极绚烂的那一朵？

有人说，若做女子当做林徽因，因为她拥有最美丽最持久最芬芳的爱情花，她曾被爱一团团包裹一层层温暖过，她的爱情花大胆而热烈，理智也自我，放任却懂得。她种下的爱情花，在纷纭众说中，始终保持着一股子坦荡自然的情怀，不避不让，不诉不畏，立于天地间。

有一张旧照中，嘉年华的林徽因，着一身洁白的盘扣衣裳，蓝布裙子，清秀，灵气，聪慧。这正是民国时期女子最为时尚的打扮，新潮与复古的恰好结合，体现的是闺阁女子的淡雅、娴静、知性、温婉、大方。而林徽因娇好的容颜，灵巧的身材，慧中的气质，更为这装束增色不少。这就是少年林徽因，十五六岁的年纪，她在情窦初开时，浇灌的爱情花如三月的细雨清风，可以拂开任何的花枝。在那个年纪，远离故土的她，还是父亲身边一位懵懂的涉世未深的学生，对未来充满了好奇、憧憬和追寻。那个年纪的她，偶遇了一位性情开朗的诗人，他是徐志摩。

徐志摩在《猛虎集序》中坦言道，在 24 岁以前，他与诗"完全没有相干"。是在"整十年前"，由于"吹着了一阵奇异的风"，照着了"奇异的月色"，他才"倾向于分行的抒写"，而且"一份深刻的忧郁"占定了他，潜移默化了他的气质，洗刷了他的灵魂，最终形成了人们心中的诗人徐志摩。

这个"整十年前"，就是 1921 年，他在英国结识了林长民以及其女林徽因，从此，他的诗作源源不断地涌现出来，他的诗情一发不可收拾，他对生命的追寻和坐标的定位发生了翻天覆地的变化。他认识林徽因后，人生轨迹彻底改变了，这是不得不承认的事实，不管这个事实中，到底有着怎么样的扑朔迷离，但徐志摩对林徽因的热爱，却从来没改变过。即使许多年后徐志摩与京城名媛陆小曼结为秦晋之好，不过其内心的"女神"地位，终也没有人能动摇。遇见林徽因后，她就成了徐志摩心中唯一的一朵爱情花。而这朵爱情花，徐志摩是用心灵和热爱，灵魂和心血浇灌的；这朵爱情花，他赋予了它生命的姿颜，无穷的想象，还有无法摘取的遗憾。因此，这朵爱情花，成为不可替代的最为高贵的生命花朵。

反观林徽因，在少年时代初遇徐志摩，徐志摩的浪漫，徐志摩的开朗，徐志摩的热情，或也曾在异国他乡中，给予了她许多美好的想象，并陪她度过了一段难忘的日子。诚然，林徽因与徐志摩是精神上的知己，他们骨子里散发着同样的的浪漫主义色彩，且对文艺文学都有着独立独特的见解，他们是精神契合者，两朵并蒂而开的蓝莲花，引人向往。但徐志摩的疯狂，徐志摩的执着，徐志摩的家庭，也让林徽因清楚地认识到，与徐志摩的未来其实真的不靠谱。一个有家室有孩子有年纪的男人，不能托付，也不可依靠。在林徽因即将启航的理想中，需要一位踏实接

林徽因（左一）泰戈尔（中）
徐志摩合影（1924 年）

地气的男子一路同行。

　　彼时，徐志摩的爱情花是他艺术加工过的模样，是他诗意的题材，是遐想的寄托，是化身了的花神。林徽因的爱情花，在那个青涩的年纪，是一株兰草般的幼芽，在融融的夜色下，只能是可闻不可近的美妙昙花，忽远忽近，无法把握和拥有。正是这些不可捉摸，让他们的故事充满了太多想象和杜撰的空间。其实，他们培育不出水乳交融的爱情花，这是彼此的性格和家庭的情况决定的，但他们却同样美好，一样高贵。

　　有人说林徽因现实。说来，林徽因确实很"现实"。她是一个懂得自己需要什么，自己为了什么，自己该怎么做的女子。林徽因不是小脚的古女子，不是温室里的花朵，她在父亲林长民的培育卜，已经成为一位新式的现代女子。她是中式与西式文化融合打造出来的形象代言人，新生代女知识分子。作为一位有责任感的社会人，一位先进的中国人，一位有理想的自然人，林徽因不再做高门庭里的彩釉花瓶，她不需要温室，不需要保护，她只需要一位志同道合的可以共同奋斗的战友，他们可以手挽手，齐

幸福的一家人，右一为林徽因
的母亲何雪媛

上阵，为心中的建筑梦搏一搏，为中国的建筑梦拼一拼。

林徽因与梁思成有父母之命媒妁之言的订亲。林长民是段祺瑞内阁中的司法总长，梁启超做过熊希龄内阁的司法总长、段祺瑞内阁的财政总长，两家门当户对，两人可谓天作之合。他们的爱情花其实早已在不知不觉中栽培、植根、发芽、开花了，只等交汇的一刹那。

面对这么一位美丽的有着强烈社会责任感的女子，梁思成在对建筑学一无所知的懵懂下，为了他心中的爱情花——林徽因，毫不犹豫地选择了一条崭新的人生道路。这个时候的他，也得到了父亲梁启超的大力支持。梁启超对林徽因寄予的厚望，对林徽因的疼爱，不比自己的孩子少，他将林徽因作了女儿看待。林徽因在建筑学上的成长、成就，梁启超起了极大的推动作用，正因为有了梁启超的支持，林徽因才得以完成学业，才能顺利地走上一条追求建筑学的道路。

因为有了共同的目标，林徽因和梁思成的爱情花才得以绚丽地开放。也许，这就是所谓接地气的爱情和婚姻，只有当彼此的心贴在一起的时候，才能真正地碰撞出火花来，才能将生命的色彩点亮。尽管林徽因和梁思成他们在爱情道路上也坡坡坎坎，尽管他们也经历了风风雨雨的摧折，尽管他们的爱情花少了些许唯美和浪漫，但是，彼此对理想、信念的执着，让他们彼此间多了融合，多了忍让，多了包容，多了接纳，这样的爱情花，才能真正持久、芬芳、迷人。

林徽因与梁思成，拥有最饱满最朴素的爱情花，不需要刻意去营造，去修剪，去采摘，自然天成，这是他们的幸福！正是他们的和谐与幸福，他们美好的缔结和携手，才将我国现代建筑学推向了一个高度，这一贡献无疑是巨大的。

一桩好姻缘，开创的历史先河，也让林徽因与梁思成的这个小家为了"大家"，在中国建筑学上做出了巨大的成就和贡献。这就是林徽因和梁思成的爱情故事带来的不同凡响。

而另一位出现在林徽因生命中的男子，他以宽厚的肩膀，博大的心怀，虔诚的坚持，将林徽因的天分和性灵引向了更深处更高处；他以睿智的思想，成熟的思维，清晰的思路，一步步顺着林徽因，引着林徽因，扶着林徽因，走进一个理性而亮堂的世界，一个宽阔也辽远的世界。他能予以林徽因的，是导师般的宽厚、宽容、宽泛，他将一位哲学家的人生观、价值观、生活观、以身示范传递给了林徽因，给了这个他心爱的女子。

无疑，金岳霖也有一株爱情花，他为这一株摇曳的爱情花，整整守候了一生，还有下一生吗？

金岳霖的爱情花，藤萝一直伸向遥远遥远。

他无怨无悔，他将柏拉图式的爱情演绎到了人间极致，只因为他遇见了自己的爱情花。

林徽因，你的爱情花，不能大肆为他盛开的时候，你，哭了吗？

爱情花，梦中花，或许人人都有一朵。

第六卷
惠存天涯若比邻

第一章　"猫腻"记

　　每一个家庭都有一个"爱的焦点"，这个焦点或许是这个家庭温暖柔软的一个载体，是孤独寂寞时一种心灵的陪伴，是热爱生命、放松自我的一种真实呈现。这会让我们想起小时候，或许都养过小鸟，养过小乌龟，养过小狗，养过小猫咪，养过许多喜爱的"小宠物"，它们成了生活中"爱的焦点"，乐趣层出不穷。其实，作为成年人，同样也极其喜欢这种小宠物的豢养，特别是在文人圈子里，他们开发和创造的"爱的焦点"，除了意趣颇多，还能激发许多的文学联想，经由好手笔锦绣打造一番，"爱的焦点"便更加丰富、丰采了。宗璞爱猫，她笔下的两只猫儿，恬静可爱，细腻懂事，仿佛一幅静美的油画延展着生命的哀伤与快乐，似一撮撮星子在时光里沉醉，荧荧而飞舞。

　　杨绛说，钱钟书也爱猫，他的猫和他笔下的《猫》，还有一段有意思的公案，据说与林徽因有关。

钱钟书在《猫》一文中说：

她并不是卖弄才情的女人，只爱操纵这许多朋友，好象变戏法的人，有本领或抛或接，两手同时分顾到七八个在空中的碟子。颐谷私下奇怪，何以来的人都是近四十岁、久已成名的人。他不了解这些有身家名望的中年人到李太太家来，是他们现在惟一经济保险的浪漫关系，不会出乱子，不会闹笑话，不要花钱，而获得精神上的休假，有了逃避家庭的俱乐部。建侯并不对他们猜忌，可是他们彼此吃醋得利害，只肯在一点上通力合作：李太太对某一个新相识感到兴趣，他们异口同声讲些巧妙中听的坏话。他们对外卖弄和李家的交情，同时不许任何外人轻易进李家的交情圈子。这样，李太太愈可望而不可即了。事实上，他们并不是李太太的朋友，只能算李太太的习惯，相与了五六年，知己知彼，呼唤得动，掌握得住，她也懒得费心机培养新习惯。只有这时候进来的陈侠君比较上得她亲信。

这篇《猫》中的李太太，影射的人物，据说有林徽因的影子。

但是，据一些资料记载，钱钟书这篇《猫》发表于1946年1月李健吾和郑振铎共同策划的文学杂志《文艺复兴》创刊号上，当时钱梁两家并不熟悉，不是一个"圈内"里的人，也不是邻里关系。为何后来许多人将这篇《猫》中的主角联想到是在隐射林徽因呢？

　　这中间确实蹊跷，但又那么离奇的有着生疑的背景、人物、情节，而且又那么相契合。有一段小插曲是这样的，可以来解读这个误会的情形。

　　解放后的钱家和林家同住清华园，是一墙之隔的邻居。两家人发生过一些故事，皆因猫起，这猫都是各自的"爱的焦点"。杨绛说，钱钟书"爱"猫，养了一只"很聪明的猫"，而林也养了一只猫。猫对钱对林，都是"爱的焦点"。不幸的是，钱家的猫太小，常常受邻居猫的"欺负"。钱钟书特备了一根竹竿，只要一听到猫的"惨叫"，就知道他的"爱的焦点"受邻家的猫"欺负"了，赶紧出来"打猫"，为他的"爱的焦点"报仇。后来，杨绛劝钱钟书，说你小说里不是说："打狗要看主人面，那么，打猫要看主妇面了！"那只猫可是林徽因的猫，"打猫要看主妇面"，不要因为"猫事"伤了两家的"和气"。可是，钱钟书性情直爽，可不会顾忌什么"主人面"、"主妇面"的，照打不误，还说："理论总是不实践的人制定的。"这段有意思的经历，杨绛说起的时候很自然，也饶有趣味。

　　就有人揣测了，这是钱钟书对林徽因的为人待物不欣赏，特别是对"太太的客厅"充满了不屑，这客厅西洋做派，沙龙聚会，热闹高调，都是钱钟书不太喜欢的行事风格。钱钟书通过小说《猫》，将一群"有身家名望的中年人"奚落得"忒无聊"，说他们是为了找寻"浪漫"、"温馨"、"情感"、"精神"和"避风港"，这就是"太太的客厅"里的交流气氛，钱钟书分析了他们的心态，做派，最终总结出的结论是：一群空虚苦闷的人，找一个虚妄的出口罢了。

可是当时钱钟书并不熟悉林徽因啊！为何会有这些描摹，恰恰和林徽因"太太的客厅"里的背景和行径那么相似。而在《猫》这篇文字发表多年后，竟然冥冥之中两家人纠葛在了一起，一篇《猫》引发了一段悬而未决的公案。热议的主题恰好是文化沙龙活动，女主角像极了林徽因。

这篇《猫》对于钱钟书和林徽因都成了一种隐形的伤害，文学界的公案有着啼笑皆非的无言以对，还有道不清说不明的因果注定。没见过林徽因有只字片言对《猫》这篇文字的评议或提及，但是，她对冰心的《我们太太的客厅》这篇文字的反应却是剧烈的。

林徽因是一个敢说敢干的人，在众多的对她的文字描述中，她都善于激昂陈词，俨然一个"话篓子"。她说话，其他人都插不上嘴，一群人的世界，成为她一个人的讲坛，但是，大家都极其喜爱听，喜欢她滔滔不绝地绘声绘色地发表与众不同的观点，她总有独特的视角和独立的认识，少有人能辩驳之。这就是她的魅力所在，这种魅力也就成为了她的性格"痼疾"，有人喜欢有人却"蔑视"。其实，不管一个人善谈与否，言之有理是最重要的，林徽因的辩机，机锋伶俐，拿捏准确，直入三寸，她"降服"的高手，大多是社会精英，文化名人，纵观京城才女，有几人能做到游刃有余，更别说令男子们心悦诚服了！

就是当时京城内外，许多的优秀男子也未必能达到这样的高度，林徽因做到了。尽管微词颇多，但事实给了最好的证明。

梁思成和林徽因生活的地方，一路热闹，不管他们搬到什么地方，是在皇城根下的北京城，是偏远一隅的昆明，是条件恶劣的李庄，还是他们考古、逃难途中的某个旅馆中，只要有他们的存在，哪儿都有一股子热火，一股子新鲜，一股子洋溢着的热情。他们身边的一群人，不论是挚友，同事，还是偶遇的有缘人，从他们身上散发的文人学者气息中，都体会到了时局动荡下新中国知识分子的一种坚忍不拔和忘我的精神。他们让人不由自主地对未来有追求，有向往，对一切有憧憬和希望，这种感染力，大多通过林徽因的行为和个性传递着，谁也看不出她是一位肺病缠身的重症病人。课堂上的林徽因，辩论中的林徽因，行进里的林徽因，不管是依在座椅上，还是卧于病榻上，她都是一腔文采，妙语连珠，神采奕奕。

即使在战争逃难途中，林徽因都用她的一双慧眼，一颗敏感心关注窗子以外形形色色的人群，形形色色路过的风景，和他们形形色色的归宿。

凝聚着某种光芒的林徽因，除却磁场的吸引，个性的魅力，其深厚丰沛的学识才是让她成为众人瞩目的中心和重心的主要因素。金岳霖因爱逐林而居，多源于志趣相投，心灵相吸。而一群精英、高知选择与林为伍，与林相交，与林阔论，或许是因为与她有着一样的志趣，一样的追寻，一样的梦想，一样的心扉，这便成为他们彼此心心相印的连结，也正好应和了中国人的几句古话：物以类聚人以群分，近墨者黑近朱者赤。

天涯海角，天上人间，有缘人若比邻，有情人长相惜，这就有了友谊的长相存。

于是，便有了他们举杯言欢，冉冉欢腾，一问一笑一茬茬的那几年。

北总布胡同三号，位于北京东城墙根下，一个两进四合院，大大小小共有四十来间屋子的老院子，当年一群"海龟"精英聚会于此，许多人是通过冰心的《我们太太的客厅》中描摹的模样去想象和揣度的，那气氛，那渲染，那情形，是真的吗？林徽因女儿梁再冰是这样描述她记忆中的北总布胡同三号的："这所房子有两个虽然不大却很可爱的院子，我记得，妈妈常拉着我的手在北面的院子中踱步，院里有两棵高大的马缨花树和开白色或紫色小花的几棵丁香树。妈妈和爹爹住在这房子里院（北面）的一排北房，房前有廊子和石阶，客厅在正中央，东头是他们的卧室，卧室同客厅（玄关部分）之间有隔扇。西头是他们的图画室，周围有许多书架。妈妈喜欢在客厅西北角的窗前书桌上静静地写作。那时她总是用毛笔和毛边纸。她的字体有点像外公的字体——王羲之体的秀丽小楷。"多么清幽的一个地方，多么有墨香的一个院落，这就是"太太的客厅"的聚会场所吗？

其实，据金岳霖说，当年这所谓的聚会，多半是在他的小院子进行的。他描述道：

梁思成、林徽因是我最亲密的朋友。从1932年到1937年夏，我们住在北总布胡同，他们住前院，大院；我住后院，小院。前后院都单门独户。三十年代，一些朋友每个星期六有集会，这些集会都是在我的小院里进行的。因为我是单身汉，我那时吃洋菜。除了请了一个拉东洋车的外，还请了一个西式厨师。"星期六碰头会"吃的咖啡冰激凌，和喝的咖啡都是我的厨师按我要求的浓度做出来的。

或许，这就是外界猜测的"太太的客厅"的聚会形式，与人们印象中的模样相差甚远。

第二章　"山西醋"

　　文人之间的文字公案还真不少，或学术争端，或彼此相轻，甚至一些更甚的埋汰，在古今，中外，男女，老少中都时有发生，这是一些避免不了的纠结故事。因为较真，因为在意，因为互相不理解、抵对，不相识者可不相往来，相识者后来也成了陌路人，其间的恩怨，有时还波及到下一代。这种情况在文人中时有发生，特别是名人，他们更能让人记住，也更让人好奇个中的原由。比如张爱玲与傅雷之间的一段文字恩怨，或本源于正常的文学批评，因傅雷化名讯雨发表的《论张爱玲的小说》而多出了许多是非。不敢用真名来直接批判，或多或少让人生疑或不满，两人后来在不断的文字游戏中展开"战争"，这场"文战"成了一个经典案列。其实，在他们同时期的人物中，还有一对因文字而产生误会的作家，《我们太太的客厅》演变成为林徽因与冰心一辈子的隔膜。

先得提及一段小评论，颇有意思。张爱玲说：

"所有的女人都是同行。可是我想这里有点特殊情形。即使从纯粹自私的观点看来，我也愿意有苏青这么一个人存在，愿意她多写，愿意有许多人知道她的好处，因为，低估了苏青的文章的价值，就是低估了现在的文化水准。如果必需把女作者特别分作一栏来评论的话，那么，把我同冰心、白薇她们来比较，我实在不能引以为荣，只有和苏青相提并论是我甘心情愿的。"

为什么张爱玲不愿意与冰心相提并论？除了个人喜好，有些人也会将文人相轻扣上去，这是一种必然的想法和猜测。冰心到底是怎么样的一位女性，中国中小学课本上的作品收录，冰心的文字是相对较多的，这是一种成绩的肯定。但是，这样一位作品丰富的作家，因一篇《我们太太的客厅》的文章，旋入一段文字公案中，想必她自己也难以道明其中因由。其实，就是说明了澄清了，也许也不能让人太多信服。因为这篇文字中的主角描写实在是与林徽因主持的沙龙活动太多吻合，以至于林徽因自己都认为是写她的。

这是一篇什么样的文字呢？冰心道：

"我们的太太从门外翩然的进来了，脚尖点地时是那般轻，右手还忙着扣领下的衣纽。她身上穿的是浅绿色素绉绸的长夹衣，沿着三道一分半宽的墨绿色缎边，翡翠扣子，下面是肉色袜子，黄麂皮高跟鞋。头发从额中软软的分开，半掩着耳轮，轻轻的拢到颈后，挽着一个椎结。衣袖很短，臂光莹然。右臂上抹着一只翡翠镯子，左手无名指上重叠的戴着一只钻戒，一只绿玉戒指。脸上是午睡乍醒的完满欣悦的神情，眼波欲滴，只是年光已在她眼圈边画上一道淡淡的黑圈，双颊褪红，庞儿不如照片上那么丰满，腰肢也不如十年前"二九年华"时的那般软款了！"

她文中还道：

"彬彬未生的时候，我们的太太怀着一百分恐惧的心，怕她长的像父亲。等到她生了下来，竟是个具体而微的母亲！我们的太太真是喜到不可形容，因着抚养的种种烦难。便赶紧带她回到中国来。"

《我们太太的客厅》里层出不穷的人物，被描绘得绘声绘色，活灵活现的，有科学家，政治学者，画家，文学教授，外国友人，诗人，这一群人，他们在干什么？冰心说了，他们在耍着洋派，营造着浪漫，空虚着情怀，他们是颓废的，是不知亡国恨，是不闻窗外事。反正，这太太客厅里的一群人，似乎与窗子以外的世界不接轨，这是一群掏空了精神世界和精神追求的人。冰心的本意或许是想在这个国难当头的时刻，以小说的形式警醒那些未有苏醒的沉浸在自我世界的知识分子，而这些人，恰好是留学海外，有着小资姿态的一群新中国知识分子。她将这群人作了讥讽对象，而且刻画的鲜明直接，线条和人物勾勒得清晰也明朗，是不是这群人真地就是林徽因"太太的客厅"里的众生相呢？

萧乾、李健吾、卞之琳等与林徽因交好，同时也与冰心关系密切，这些人都有文字记载这篇小说的影射，而他们皆异口同声地认为这就是写林徽因的，就是讥讽在北总布胡同三号的沙龙聚会。

时过境迁，当92岁高龄的冰心接受访谈，被问到这篇小说的因由时，她说其实这是写的陆小曼，但是，小说中描写的太太除了"爱看京剧"这个与陆小曼接近外，其他的几乎都不靠谱，比如陆小曼是没有孩子的，而这一时期，陆小曼是生活在上海的，陆小曼身边的人与林徽因结交的人的类型是有着一些区别的。再者，小说中的太太的女儿叫"彬彬"，这让人不得不联想起林徽因的女儿"梁再冰"，林徽因叫她"冰冰"，两者发音极为相似，真有这么凑巧？小说中还有几个重要人物的描述，也依稀可见其人的背影，比如太太的先生虽然是一位银行家，这位银行家不是我们想象的肥头大耳或者大腹便便，他"却是一个温蔼清癯的绅士，大衣敞开着"，一个非常有涵养或者有风度的男人，这形象显然与商人不太挂钩；而哲学家则是一位"瘦瘦高高的人，深目高额"的男子；对诗人叙述得更为精彩，对他的着墨不少，从神态，姿势，语言，到诗情蓬勃，难免不会让人往徐志摩身上去想。梁思成、金岳霖、徐志摩，不就有这么些体形特征吗？说到有外国人，便会想起沙龙的常客费慰梅，虽然林徽因一生的好友费慰梅不是这个形象，但是，至少人物形象这样是齐全了，非常的周到细致。

　　有一些小细节在小说中也有令人费解的蹊跷，在故事的尽头，只剩下诗人和太太时，诗人对抱膝围坐炉火前的太太吟诵了一段诗句："这微光，这你，这一切，又是一首诗。"这其中值得咀嚼的韵味并不是来自诗作的美好，而恰好，小说连载的《大公报》"文艺"副刊，在连载的那一天，版面上同时刊登的还有林徽因的短诗《微光》，有人便会很自然地联想到，冰心是在看到此诗后，遂即在结尾中临屏落墨而勾勒的，属于一种谐趣的调侃，因为这篇小说结尾部分是多日后完成刊登的，有足够时间和空间来完成修改和润色。

　　对诗人和太太的暧昧描摹，似乎从单纯的对一群知识分子不知人间疾苦，不闻战火纷飞时人间疾苦的鞭策、数落外，还另有落脚点，对一桩婚外情的点明，牵涉的人物、面和角度发生了些转换，读者关注的不再是所谓的小说内涵与深度，小说的目的与警示，都会不由自主地想到林徽因和徐志摩曾传出的一段恋爱绯闻，而这个绯闻一直也没个定论和结果。

　　在徐志摩飞机出事后，冰心在信中这样对梁实秋说过："谈到女人，究竟是'女人误他'？'他误女人'？也很难说。志摩是蝴蝶，而不是蜜蜂。女人的好处就得不着，女人的坏处就使他牺牲了。——到这里，我打住不说了！"徐志摩的意外，究其直接原因，是因为赶赴林徽因在北京主讲的一场学术会而急匆匆从上海辗转乘机，不幸遇难的。一次突兀的事件，搁在两个本来就有千丝万缕说法的男女身上，自然，任由谁，林徽因的朋友，徐志摩的家人，或是两人共同的友人，难道心底就没有一丝遗憾或一些埋怨吗？"伯仁因我而死"，最疼苦的人，其实是林徽因吧！林徽因后来悼念徐志摩的文字，成为了她作文生涯中厚重的一抹，那丰沛的情感倾诉和想念挂记，不知多少人为之动容。或许，他们之间的感情，真无关风月，懂！是他们彼此最为珍贵的财富，任何人也无法替代。

冰心痛心疾首徐志摩的离去，是有道理的，无可厚非，她还提到："志摩死了，在一场不为人道不光明的行为之下，仍得到社会一班人的欢迎的人，得到了一个归宿了。我仍是这么一句话，上天生一个天才，真是万难，而聪明人自己的糟蹋，看了使我心痛。志摩的诗，魄力甚好，而情调则处处趋向一个毁灭的结局。看他《自剖》里的散文，《飞》等等，仿佛就是他将死未绝时的情感，诗中尤其看得出。我不是信预兆，是说他十年来心理的酝酿，与无形中心灵的绝望和寂寥，所形成的必然的结果！人死了什么都太晚……他真辜负了他的一股子劲！"对徐志摩，冰心是不太喜欢的，但是徐志摩的诗歌才情，她也是赞誉的。

冰心还提到，1931 年 11 月 11 日，徐志摩离京回沪前夕曾探望过冰心，他写下了"说什么已往，骷髅的磷光"。此时的徐志摩对生活充满了失望，颓废显而易见。所以，一定程度上，冰心是疼惜徐志摩的。徐志摩还对冰心说过："我的心肝五脏都坏了，要到你那里圣洁的地方去忏悔！"徐志摩对冰心，是一种发自内心的相信吧？他或许觉得在冰心那儿，才能真正的倾吐和解脱，他认为除却密友的懂得，还需要一位既信任又有宽广胸怀的女性来包容他的心碎和无处安放的情绪，也许这就是徐志摩对冰心的感觉，她有女性的细腻和温暖。

但是，与林徽因生活观和行为观取向不同的冰心，在看待感情纠葛上，则多了严肃和传统，她接受的婚姻理念和家庭观念，有别于留洋的有着解放思想的新知识分子，林徽因就是一种解放了小脚的女性爱情观，但冰心截然相反。尽管冰心也去过美国，冰心的爱人吴文藻也留学美国，而且，吴文藻和梁思成是清华大学的同窗，林徽因与冰心相识在美国康奈尔大学，她们还有过郊游的合照，这也是冰心和林徽因不多的珍贵合影之一，可她们在思想方面还是有区别的。她们的友谊，起于何时，仅从这帧照片来看，应该相识很早了；止于何时，从《我们太太的客厅》发表后，也许就是一个分水岭。那时恰好林徽因从山西调查庙宇回到北平，她带了一坛又陈又香的山西醋，立时叫人送给冰心吃用。隔阂起，再冰释前嫌，已经是很难的事情。几十年后的一天，2007年5月23日，两人终于站在了一起，林徽因一手书卷一于执笔，冰心一于持玫瑰，一于握卷书，还有另一位福建才女庐隐双手自然地放在书卷上，三位福建籍女作家，以另一种方式这样圆满地站在了一起。

而这段文字引发的公案，不管岁月如何变迁，不管当时如何原由，不管她们愿或不愿，两位当事人永恒凝聚在了一起，这也成了福建文坛的一桩盛事，美谈。

第三章　"八宝箱"

　　林徽因，徐志摩，凌叔华，陆小曼，他们有一位共同的好友，新文化运动的领袖之一——胡适。胡适与徐志摩，应该是于 1923 年 6 月前后开始交往频繁的，从胡适日记依稀可窥见一二。胡适日记 6 月 7 日记载："经农带来君励，志摩一信"，9 月 9 日记载："寄信：志摩"，同日还有"收信：志摩二"。

　　胡适是一个习惯记录心情、写日记的人。当然，徐志摩也是，包括徐志摩的妻子陆小曼。因为一桩日记的案子，林徽因，凌淑华，陆小曼三人成了公认的"死敌"，这些都是在徐志摩不幸遇难后发生的事情，而与这个案子有着千丝万缕关系，甚至说是这个案子的主导者之一，就是胡适，而他与四人之间的纠葛，与这一桩悬疑的过往有着密切关系的具体始因，至今也没有一个水落石出的说法。因此，后来人也只能循着当日的一些蛛丝马迹，追寻那一段很难说清的前程过往。

提及这五个人的交集，先要从一些小事情开始说起。

徐志摩一直有写日记的习惯，他将最真实的情感经历记录在了一本本笔记本中，1925 年去欧洲时，他将这些日记包括一些私人物品交与凌叔华保管。众所周知，凌叔华是徐志摩的女性密友之一，她是中国现代著名女作家，其先生陈西滢是留英博士、学者、评论家，与胡适、徐志摩等并称为五四以来五大散文家之一。这一排列，似乎拉近了距离，他们都是这个文学圈子里的人。当时，徐志摩和胡适是新月派的核心力量，林徽因是骨干之一，陆小曼也是新月派聚会的常客，而凌叔华与新月派也有一些交汇，在泰戈尔访华期间，凌叔华在北京史家胡同的家里为诗人举行了一个茶话会，陪同泰戈尔全程的徐志摩、林徽因必然也在场出席，这也许就是林徽因与凌叔华第一次相见，徐志摩因此次聚会与凌叔华也结为了好友，最后发展成亲密知己。

徐志摩因为两段情的不断挫伤，情绪非常沮丧。诗人的性格使然，让他急需要一个倾吐痛苦的出口，如果在男性朋友间提及这些"婆婆妈妈"的情事，是不太好的，也显得太过没出息了。于是，与凌叔华性格相投的徐志摩，在不断熟悉中彼此建立了良好的沟通信任，慢慢地他开始将这些烦恼和难过尽情向这位娴静、温和、知性的女子倾诉，显然，这样的倾诉得到了凌叔华的响应。凌叔华非常耐心地倾听了徐志摩念念叨叨的情事，而且给予了徐志摩温存的抚慰和温暖的劝慰，这样一个玲珑剔透的女子，能充当徐志摩不快乐或快乐时的"耳朵"，是多么不容易的一件事。应该说这与徐志摩讨巧的性格有关，也与凌叔华对徐志摩存有好感有关。一个不在意你的女子，绝对不可能经常听你一串串"疯言疯语"，这是必然。没人会相信一个女子真能大度、温柔、善解人意到与一位无关紧要的男子聊生活、聊感情、聊私人话题。徐志摩曾经这样评价她与凌叔华的关系，饶有趣味。他说："女友叔华是我一个好同志。""好同志"作何解释，这或许只有创意者徐志摩才能说得清道得明了。徐志摩还这样形容凌叔华："你真是个妙人。真傻，妙得傻，傻得妙——你偏爱这怪字，傻，多难写，又像粽子的粽子，他那一个钢叉四颗黑豆真叫人写得手酸心烦。"写出这一段话的首先是妙人，是诗意者才会这样诗意地表达。美与不美，诗人眼里说了算。凌叔华在徐志摩眼里是很妙、妙得可爱，妙得傻气的这么一位女子。是真"傻"？这里的傻或许是对凌叔华认真和宽厚的性格的一种不由自主地褒扬。徐志摩的语言丰富，辞藻甜蜜，说出来的话既贴切，又形象。如是女子，少有不动心的吧？

当然，在徐志摩心中，妙人不止一位。这样就让许多本来简单的事情剪不断理还乱了。特别是"八宝箱"事件发生后，一些关系便陷入了僵局，引发的矛盾众多，线头却只有一个。

在当时，人们时兴写日记用来记录自己的经历、生活、情感，包括事业。当然文人的记载就更加丰富了，写作的作品有时也在其中，这是一种人生的体悟和历史的佐证。当有些往事不能盖棺定论时，日记就成了这个重要的参考依据。许多文人都会用这样的文字积累来记载自己，作为回顾生命历程必不可少的手段之一，徐志摩也不列外。

因为不方便或者一些不得已的原因，徐志摩前后两次将"八宝箱"交与凌叔华保管，这在今时今日来说是众所周知的事情。这个"八宝箱"中有些什么？为何后来许多人都紧张，不紧张的都好奇，这里用猎奇更为贴切。"八宝箱"中除了有徐志摩的日记本，私人信件，部分文稿等以外，后来还存放了陆小曼的日记本，相当有看点。其中，最受关注的是徐志摩在英国与林徽因相识那一年的日记记载，给许多人创造了一个相当大的想象空间。而陆小曼"零嘴"的一些是非话，也如数家珍地写进了自己的日记本，成为另一个让人充满想象的看点。于是，林徽因和陆小曼想得到属于自己秘密的日记本，那就非常自然了。而且，作为徐志摩的遗孀，"八宝箱"中所有的物件按理说都该归于陆小曼，保管者凌叔华应该及时归还或者记着归还。但是，这原本很简单的事件却发生了许多意想不到的插曲，甚至还让几个美丽的有着社会地位的女子"反目成仇"。

有人指责林徽因，说徐志摩的日记本关你什么事？其实，林徽因想拥有这个日记本也属于正常。据林徽因说徐志摩曾经答应她将在英国那一段日子的日记本赠与她作纪念，斯人已去，虽不知道话语属实否，但是以徐志摩不按常理出牌的性格是有可能有这样承诺的。也有人说，林徽因虚伪，她怕自己在英国与徐志摩的恋情公开成为笑柄。以徐志摩的诗人思维，不乏有对美好臆想的描述成分在，将一些内心的憧憬化为诗句记录下来。对此，林徽因曾大致说过，徐志摩对自己的美好想象，或许来自对诗中女子的憧憬，他自己不觉得，其实那不是对林徽因真实地爱恋，有虚化成分在。这些在英国写的日记本，不管到谁的手里，特别是陆小曼，都是不利于与徐志摩这一帮子亲密朋友的感情的。或许，存放于林徽因处不恰当，却是最好的去处。

"八宝箱"的争夺战争因为各种原因，就这样拉开了。有人说，林徽因在这场争夺战中很强势，由胡适亲自出面为她要到了"八宝箱"，交由她全权处理。而陆小曼成了弱势一方，凌叔华成了受气桶一方。里面诸多的原因，即便是当时的当事人也未必能说清楚。

胡适将箱子交给林徽因的理由，是让她帮着看看，编个目录，以便日后出版。林徽因收到箱子后，作了细致的清点，并回复："由您处拿到一堆日记簿（有满的一本，有几行的数本，皆中文，有小曼的两本，一大一小，后交叔华由您负责取回的），有两本英文日记，即所谓 Cambridge（康桥）日记者，一本乃从 July. 31. 1921 起（1921 年 7 月 31 日）。次本从 Dec. 2nd（同年 12 月 2）起始，至回国止者，又有一小本英文为志摩 1925 年在意大利写的。此外几包晨副原稿，两包晨副零张杂纸，空本子小相片、两把扇面、零零星星纸片、住址本。"林徽因做事情是周到细致的，这是她一贯的作风，将"八宝箱"清理记录好，这是非常重要的，不然如果稍有疏忽遗漏了东西，今后也许又是官司。

果不其然，后来官司真真就来了。林徽因从好友张奚若处听说，凌叔华那里还有一本徐志摩的康桥日记，曾给叶公超看过。林徽因感觉到，最重要的日记还在凌叔华手中，除开手上现有的两本英文日记，一本从 1921 年 7 月 31 日起，一本从同年 12 月 2 日至第二年 8 月回国，记录的是徐志摩在康桥的那段生活。但徐志摩认识林徽因那一段时间的日记记录却一点也没有，这说明凌叔华手中尚有一本日记的可能性很大。迫无他法，林徽因只得借助胡适叫她整理遗稿为名，名正言顺的向凌叔华要日记，凌叔华自然不乐意，但是也只能答应林徽让她后天到她家去取。不过林徽因并没有取到，凌叔华借故不在家，没有将日记给她。林徽因只得再求助胡适，胡适再次写了一封信给凌叔华，要求凌叔华完整将徐志摩日记交出。其实，对于胡适与林徽因，胡适与凌叔华，从对胡适的称谓可看出疏浅，凌叔华是称呼胡适"适之"的，在文坛上能这样称呼胡适的人只有一二，少之又少。而林徽因是尊称胡适"先生"，可以感觉到，其实凌叔华与胡适的关系更为密切和自然些。但在这件事情上胡适是更为偏向林徽因的，甚至对于徐志摩的遗孀陆小曼的求助，要求帮忙将徐志摩遗稿交与她整理的诉求都没答应。其实，外界都大致有了解，胡适是徐志摩的好友，更是陆小曼的朋友、知己，一度传闻两人有情愫，这样"铁"的关系在"八宝箱"面前也没用，说明胡适在这件事上对林徽因的支持多么坚定。

后来，多次的交割后，陆小曼的日记林徽因还与了凌叔华，林徽因则保管了"康桥日记"。但遗憾的是"康桥日记"后来也不知所踪，有人揣测是林徽因的后人烧毁了。当然，凡事都有其两面性，虽说是遗憾，但也不遗憾。这些是是非非原本可以作私人空间的保留，生出的这些隔阂已经够深了，何必再去纠结呢！

再从背景看，林徽因与凌叔华的经历有一定的相似，都是名门望族，成长的经历几乎也雷同，母亲都不是正室，饱尝了些许艰辛和苦楚。最重要的是两人都有过婚外情，而且两人都是文人。林徽因对于婚外情大胆地向丈夫袒露，坦坦荡荡，凌叔华却不敢，她只能私下呵护这份感情，这是两人的性格特征决定的，无可厚非。林徽因要强，磊落；凌叔华温娴，含蓄。她们都是优秀的现代女作家，受人尊重和景仰。

第四章　师生情

杨永生先生曾记述有这样一件难以考证的趣事：

刘敦桢先生得知梁思成与林洙结婚，寄给梁先生一封信，既没有抬头，也没有落款，那四个字是"多此一举"。刘先生是一位不苟言笑、非常严肃的学者，谁也不会料到他竟来了一个意味深长的幽默，弄得梁先生啼笑皆非。

林徽因病逝七年后，梁思成与小他 27 岁的林洙结婚，此举遭到了身边许多朋友，包括家人的反对，其中林徽因与梁思成的女儿梁再冰情绪反应是最强烈的。

林洙是怎么走进梁思成的，这得先从林徽因和林洙说起。

同为福建老乡的林徽因和林洙，结识源于清华大学建筑系工作者、知名学者程应铨，当时高中毕业的林洙与程应铨是一对恋人，因为程应铨到清华大学任教，林洙便随其同行来了北京，自然就认识了清华大学建筑系的元老林徽因夫妇。

林洙的父亲也是学建筑的，因此对程应铨的才气非常看重，极力地撮合自己的女儿和程应铨的恋爱关系，同时，为让林洙在京城站稳脚跟，希望林洙能进入清华大学的先修班学习。恰逢解放前夕，当时先修班未办，于是，林洙只能选择自己补习。同时持父亲的介绍信找到了福建老乡林徽因，希望得到林徽因的帮助。林徽因与林洙的父亲有多少交集，没有多人能说得太清楚。当林洙找到林徽因后，肺结核晚期的她，竟然答应了每周二、五下午为林洙单独辅导英语，这样的教授，对于身体极不稳定的林徽因来说，是非常吃力的。但她担当了，这说明她对林洙父亲介绍信的认可和对林洙这位老乡的好和认可。

而后来，林徽因对林洙的好更不用说。林洙与程应铨结婚时，两人在经济上非常困难，程应铨是大学助教，薪水只能维持生活，没有更多的积蓄，结婚过日子总得操办一些家什吧？无奈之下的林洙想到了变卖自己的首饰，林徽因听闻后，将林洙叫到自己身边，说"有困难为什么不来找我"，并拿出一个存折，说是营造学社有一笔钱，是帮助青年学生的，让她先拿去用，需要多少钱你就用多少钱。林洙取完钱后问林徽因，这个存折怎么会是梁思成的名字。实际上，当时的营造学社早已不存在了，这笔钱就是林徽因夫妇自己的钱，为了让林洙放心用这笔钱，她找了一个藉口而已。而对于这笔钱的资助，梁思成自己也不知道，林徽因就做主帮助了林洙和程应铨。程应铨是梁思成的同事，而且梁思成还是程应铨的上司，林洙是林徽因的同乡，林洙是林徽因的学生，按照常理，林徽因没有理由来接济这对新婚夫妻的，至少做不到资助这么多，但是林徽因就做了，而且做得心甘情愿。不是她们之间存在有太特殊的关系，更多的是体现了林徽因的为人处事的风格和原则，对于青年，她都会尽可能地去帮助和支持他们，包括栽培。林洙与程应铨结婚时，主婚人恰好是梁思成。

因为程应铨的缘故，没有接受过高等教育的林洙，进入了清华大学建筑系任秘书，后来更是有了近距离地与林徽因夫妇交好的机会。

1958 年，林洙与程应铨离婚，当时正值程应铨最艰难的时期。1957 年，程应铨因为揭出保护古建筑，批评北京市剥夺华揽洪、陈占祥参与规划之权，被认为是反对"党的城市建设路线"，随后被定为右派，而这一做法，普遍被外界认为是支持他的师长梁思成的一种做法。在这人生最苦闷、苦痛，最需要支持的时刻，自己的妻子林洙不是与他手挽手，心连心地渡过难关，而是坚决地离开了自己，同时带着自己的孩子一起离开，而且不让他们再见面，这种离别之苦才是人世间最折磨人的打击。这时的程应铨的悲伤可想而知，但这还不算最悲哀的一件事，后来的一些事情，对程应铨来说更是雪上加霜。其实，想开了，也就那么一回事，现状是如今两人情缘已了啊。

程应铨被打为右派后，林洙从清华建筑系系秘书的位置上被调到资料室做管理员，并在后来利用业余时间帮助梁思成整理资料。这期间，两个人的感情迅速升温。一个是失去爱妻的失意人，一个是离了婚的单身女人，都需要生活的温暖，都需要感情的抚慰，都需要一个人能说说话，倾诉一番心里苦楚的人，他们正好遇见了，在彼此需要这些的时候遇到了可以倾诉的人，这就是缘分。在对的时间，遇到一个对的人，就是幸福的！尽管许多人认为梁思成的选择是错的，或者是多余的。林洙可以在程应铨需要她的时候离开，如果换作梁思成也步了程应铨后尘，是不是会重蹈覆辙呢？

后来证明，林洙和梁思成一起携手走过风雨，经历那段最为波折和艰辛的日子，始终没有离弃梁思成，他们坚守彼此到了最后。

当时，这层窗户纸是怎么捅破的呢？

据林洙书中描述到，一天，梁思成终于鼓足勇气，半是忐忑，半是自嘲，给她写了一封大胆的信："真是做梦没有想到，你在这时候会突然光临，打破了这多年的孤寂，给了我莫大的幸福。你可千万千万不要突然又把它'收'回去呀！假使我正式向你送上一纸'申请书'，不知你怎么'批'法？……我已经完全被你'俘虏'了……署名是'心神不定的成'。"当林洙当面看完了这封信后，梁思成却害怕唐突了她，嗫嚅着说，"我以后，再不写这样的东西了……"林洙一听到这样的话，陡地觉得伤心。她扑到她敬爱的师长和朋友的怀里，放声大哭起来。没有海誓山盟，没有花前月下，他们只是决定，从此以后生活在一起。这些，都成了后来人不断描摹着他们的感情故事的起始。

　　梁思成的大胆表白，这种风格，似乎有些林徽因为人处事的影子折射其中，坦荡，也直接。在失去爱妻林徽因后的日子里，梁思成在事业道路上也不断受阻，他处于人生低谷中，这是男人最需要一个温柔肩膀的时候，这个肩膀不一定有最美丽最高贵的线条，但一定是最熟悉，最安定，最可靠的港湾。尚还年轻的林洙，她有，而且有精力来打理梁思成的日常生活和协助梁思成建筑学上的一些琐碎工作，他们本身就在一个单位工作，革命友谊也罢，情感因素也好，他们很是契合。于是，在一片哗然中，他们结合了。

　　任凭谁说，都大不过当事人的决定。没有人能体会其中滋味和个中原因，我们看到的现状和结果，是经历了时间的磨砺和岁月的检验的，这就是事实。

　　作为林徽因和梁思成的两个孩子梁再冰和梁从诫，父亲的再婚，对他们的打击是可想而知的。在他们心里，母亲美好，母亲优秀，母亲伟大，母亲一直是他们的一种精神力量和生活力量，任何人也无法替代，替代母亲这个位置。

　　孤独、打击、郁郁，身体，生活和事业的诸多原因，使得梁思成迫切地需要一个助手，需要一个贤内助，自然，与他最接近的女子就成了他心目中合适的人选。

　　人生的相濡以沫，有时不是人能预见或者看透的，智慧的顺应，理智的选择，让生命更加有活着的意义和价值，那是一种对社会的贡献和对人类的贡献。梁思成和林洙的结合，还惊动了时任北京市第一书记、市长的彭真亲自过问两人的具体情况。一次，梁思成去参加研究城市建设问题的会议，会议结束后，副市长吴晗邀请他到自己家中，说："前些时候，彭真同志问我，你们为什么反对梁思成结婚，他的生活需要有人照顾嘛。"梁思成将与林洙相识的经历和他们的婚姻经过告诉了吴晗，吴晗一边听，一边点头。临告别时，吴晗又说，彭真同志让他转告梁思成说"你告诉梁思成，我支持他们的婚姻！"回到家中，梁思成很自然地将这个喜讯告诉了林洙。两人的婚姻得到了组织的支持，在那个动荡的年代，是对他们精神上的最大鼓舞！

但是，二人的结合，始终留下了阴影。那就是亲人和朋友的疏远和无形的抵制。

有一些趣闻曾提到关于梁思成和林洙的生活故事，如今真假难辨，不过很有些意思。

沈从文说，"文革"前开政协会议，会后政协委员们可以优惠价买当时算是高档生活用品的高压锅，他和林巧稚都买了，梁思成却没有登记，林巧稚就调侃说："现在梁公的钱自己作不得主了，得回去请示新夫人。"沈从文对此评价："林洙就是爱钱。"换作林徽因，这点小事，梁思成应该是不必回家请示的。梁思成与林徽因的相通，是心灵的，是相印的，是自由的懂。梁思成的成就，林徽因有不可磨灭的功绩，这不是外人或者外界能全部知道和了解的，林徽因是梁思成事业上的一盏明灯，足以照亮他们事业前行的方向，谁也不能替代。

对于女儿梁再冰的抵触，梁思成最为难过。梁再冰是公开的，不留情面地抵触。据说，在梁家的客厅里，原本挂着一幅由著名油画家李宗津所画的林徽因像。林洙和梁思成结婚后，取下了这幅画，为此梁再冰曾打了林洙一巴掌，拂袖而去。熟料，这件事不胫而走，从清华传到北大，一直传到今天。

梁思成当年有雅量支持并坚持让林徽因在卧室里悬挂徐志摩出事后飞机的残骸木头，他心思坦明，内里清澈，这是许多人无法做到的，包括林徽因。如此有勇气将一个绯闻男性朋友的去世纪念物挂于室中央，这是一个多么倔强，性情，独立，又饱含着大爱之人啊！林徽因的遗物，林洙未能全部接纳，如果换作普通家庭，这是很正常的事情。但是，这是有着林徽因足迹的地方，有着林徽因音容笑貌的地方，有着林徽因朗朗笑声的地方，有着孩子们对林徽因幻想的地方，这地方，不仅仅是一间住房了，它已经深深地烙印下了一群人，一代人的回忆。见字如面，见物如面，保持这里的一切感觉，梁再冰和梁从诫是非常渴望的。这么小小的移动，对于林洙或许不算什么，但在林徽因的子女心里却是风起云涌，不能自已的伤心。

"文革"中，梁思成遭到了打击和批斗，工作被停，这时期，多亏了林洙。梁思成在病床上对高占祥说："占祥，这几年，多亏了林洙啊！"抚养自己的两个孩子，扶持梁思成，还要照顾林徽因的母亲，林洙尽到了一个妻子的责任，义无反顾地支撑着这个家。

　　许多待人评说的历史，其实已经没有可追根到底的必要了。每一个时期，一些人，一些故事，都是特定发生的。没有对错，只有甘愿与否，做到与否。

　　林洙眼里的老师——林徽因，是一个很完美的女人，是值得她尊重和爱戴的，这就足矣!

第五章　闺蜜情

费慰梅是林徽因极少的女性朋友之一。或者说费慰梅是林徽因女性朋友中独一无二对她一直保留着欣赏、喜欢、挂记、赞美、接纳的这么一个人。而且，费慰梅是一个地地道道的外国人，这多少有些出乎意料，却也符合林徽因的行为作风以及交友风格。

李健吾说林徽因："几乎妇女全把她当仇敌。"这话糊里糊涂就脱口而出了，覆水难收。但是，也不必收回去。林徽因的女性知己，就是我们现下说的"闺蜜"，却是掰着指头一个个地数，一掌之内似乎可以盖全了。

引用林徽因自己给费慰梅的信说："我从没料到，我还能有一位女性朋友，遇见你真是我的幸运，否则我永远也不会知道和享受到两位女性之间神奇的交流。"这样说来，林徽因的"闺蜜"更是奇少。"还能有一位女性朋友"，多么孤独的一个字眼，一段表白，这也从一个侧面体现了林徽因没有女性朋友，渴望女性朋友，获得女性朋友后的欣喜和激动。费慰梅成了林徽因一辈子的朋友，她们之间的友谊经历了几十年，不曾改变，而且被不断地深化和延续，甚至，连梁思成的遗孀林洙，费慰梅也是极力予以关照和爱护。这是对梁思成的友谊的见证，同时，也是费慰梅对林徽因的一种爱和思念的延绵，毕竟，在艰苦的年代，林洙为梁思成做的一切也有目共睹，林徽因对梁思成的眷恋和未完成的照顾，她来做到了。

1932 年，28 岁的林徽因，从东北回到北平，刚有了儿子梁从诫。回到北平后，林梁租住了北京东城北总布胡同三号，也就是我们常常说的"太太的客厅"那栋院子。这一年，美国哈佛大学校长坎南的女儿费慰梅来到北京，一同前来的还有她的丈夫费正清。当时，费慰梅 23 岁，她和林徽因两人其实都处

费慰梅（1909—2002），美国人，著名汉学家，是研究中国艺术和建筑的美国学者，美国汉学大师费正清的夫人

在青春芳华中，尽管林徽因已经是两位孩子的母亲，但这丝毫不影响林徽因个人对待人事的热情和激情。

她们相识于一次外国朋友的美术展上。

说起美术，林徽因和费慰梅可谓是知己遇到知己，同行巧遇同行了。

有人精心地研究过林徽因与费慰梅能成为众人羡慕的"闺蜜"的内因。必然的结果，其实已经写在了她们的经历和骨子里了，只需要轻轻地一拨就解开了。

林徽因出生于一个有着政治背景，革命背景，同时拥有文化氛围的高门庭中，封建、开明、厚重，这些都是林家独一无二的特征或优势。虽然林徽因的母亲是妾，但是，她是林家的长孙女，她从小得到的教育实际上是完整的，也是积极的。后来在父亲的栽培下，少年时代的她便留学英国，再后来留学美国，除却美术专业，还可以同时进修女学生难以涉入的建筑学，这些游学经历对她的未来和事业打下了非常坚实的基础。因此，林徽因是一个既中国情，又西方味的；既传统，又洋派的；既创造，又务实的多重精神的女性。她热爱西方的民主，曾有这样的一个记载，林徽因曾经跟她在宾夕法尼亚大学的同学比林斯说过："在中国，一个女孩子的价值完全取决于她的家庭。而在这里（指美国），有一种我所喜欢的民主精神。"这话后来被比林斯收进一篇描写林徽因的文章，于1926年1月17日发表在了《蒙塔纳报》上。其实，林徽因更是一位有着民族责任感，敢于担当的女子，她对祖国的无比热爱，对祖国的深沉情感，在不断的人生艰难中，在困苦的年代里——具现了。

哈佛大学是文化人心中的一座灯塔，是聚集全世界精英学者和聚焦高端知识学识的地方。费慰梅的父亲是哈佛校长，自然，她的生活环境是优越的，学习环境是优质的，教养环境是优雅的。无疑，费慰梅也是优秀的，她是外国友人在中国的一方文化小缩影，她和费正清都是西方文化在中国的代表人物。他们都是著名的汉学家。费慰梅有一位响当当的父亲，母亲则是一位开朗、开明的酷爱旅行的作家，她对子女的影响非常大，费慰梅四姊妹都在年轻时就开始独身外地求学或考察旅行，费慰梅是大姐，更是几位妹妹的标榜。费慰梅是幸运的，她学了自己喜好的艺术，来到了自己喜欢的国家，更加如意的是，她和自己的另一半，也是中国迷的后来成为中国通的费正清一同来到了中国，从此，他们开始了一段平常也传奇的人生道路。因为他们认识了林徽因和梁思成，一切顺其自然地就进入了中国文化的核心中去，而且，她还拥有了那么多的开心和收获——在异国他乡有了一辈子的知己，同路人。

在美术展览会上的林徽因和费慰梅，一经交流，才得知，两家住得原来如此之近，只有几百米远。于是，一有时间，费慰梅便从羊宜宾胡同出发，骑着自行车迫不及待地赶往林徽因家处。她是这样描述那段激情飞扬的日子的："我常在傍晚时分骑着自行车或坐人力车到梁家，穿过内院去找徽因，我们在客厅一个舒适的角落坐下，泡上两杯热茶后，就迫不及待地把那些为对方保留的故事一股脑倒出来。"后来，费慰梅和费正清自然也就成为了林徽因"太太的客厅"里的重要人物之一。在最美好的年华里，在盛放的青春里，在亮丽的时光里，她们"一见钟情"。

林徽因的"太太的客厅"

说起费慰梅和费正清来中国，那纯粹的就是一种骨子里对中国文化和中国历史的热爱，有种狂热的激情促使他们来到这个还处于徘徊，战乱纷纷，军阀割据的国度中，所以，他们成为"中国通"就成为了必然，而与林徽因夫妇的相识，又让他们走了一段捷径。

林徽因和费慰梅交流，几乎都是用英语，这种语言沟通的顺畅，也是她们友谊能一直持续的最重要的因素之一。如果林徽因不会英文信件的阅读或者写作，那么，她们没有邮件来交流思想和生活，这段情谊也不会这么容易地延续下去，平台是相当重要的。在林徽因心中，用纯粹的英语与朋友交流，应该是非常惬意的一件事，对白不再更多地陷入中国式的柴米油盐酱醋茶中，或者是一些琐碎的是非里去，她们可以用相对"洋气"的味道诉说彼此的心扉，那是一种略带贵族式的口吻，我们可以从她们接受的教育中，深深地感知到这样的情形。而优雅和爽朗，也特别适合林徽因的性格。

与费慰梅相识后，林徽因在费慰梅的带动下，参加了骑马活动，她们出去踏青，出去溜达，出去骑马。这个时候的林徽因是很精神，很利落的，她在马背上奔驰的风姿和心情，与平时在家中的状态又是不一样的。林徽因曾对费慰梅说过这样的感受："我在双重文化养育下长大，不容否认，双重文化的滋养对我不可或缺，在你们真正进入我们的生活之前，我总觉得精神贫乏，若有所失。我在北京的朋友都比我年岁大，比我老成……今秋和初冬那些野餐、骑马，使我的整个世界焕然一新。"西方的娱乐方式带给林徽因的冲击，不是一种洋派的标榜，也不是一种稀奇的追赶，是实实在在地快乐与收获，林徽因从中获取的自信与骄傲，让她短暂地忘却了自己的肺病有多么得厉害，这是最为重要的一个结果。

林徽因和费慰梅对美和美感的物体或者艺术的作品有着同样的共鸣和一样的追寻。费慰梅就任重庆美国大使馆文化参赞时，在重庆有一个小房子，小房子是费慰梅布置与设计的，这让林徽因非常的惊喜和惊叹："我像是走进一本杂志！"她们对艺术都有着敏感的触角和智慧的欣赏，因"臭味相投"，交流起来就不困难了，而且交流的范围多在文化圈和艺术圈的范畴，自然喜欢，也熟络。当然，她们也有一些女人的悄悄话，比如对徐志摩的一些看法和感觉，费慰梅都是可通过林徽因的表达和接触感知一二的。费慰梅说："我常常暗想，她为什么在生活的这一时刻如此热情地接纳了我这个朋友？这可能同她失去了那不可替代的挚友徐志摩有点关系。在前此十年中，徐志摩在引导她认识英国文学和英语的精妙方面，曾对她有过很深的影响。我不知道我们彼此间滔滔不绝的英语交谈是不是曾多少弥补过一些她生活中的这一空缺。"林徽因与徐志摩的故事，费慰梅只是在感知中去体会、体味。或许，没有一个人真正懂得林徽因，懂得林徽因和徐志摩之间的感情，那些妄猜，那些定论，都不足以代表当事人，他们的故事是一个谜，因为谜一般，人们才不断地揣测与探究，这就是人性的根本。

林徽因的迷人，在费慰梅心中，她是这样描述的：

她的神经犹如一架大钢琴的复杂的琴弦。对于琴键的每一触，不论是高音还是低音，重击还是轻弹，它都会做出反应。或许是继承自她那诗人的父亲，在她身上有着艺术家的全部气质。她能够以其精致的洞察力为任何一门艺术留下自己的印痕。年轻的时候，戏剧曾强烈地吸引过她，后来，在她的一生中，视觉艺术设计也曾经使她着迷。然而，她的真正热情还在于文字艺术，不论是口头表达还是写作。

费慰梅高寿，活到了 92 岁。林徽因因为肺病及其并发症，早早地去了。

本来，费正清和费慰梅费劲心思，为梁思成争取了一个去美国讲学的机会，这样一来，林徽因自然也可以随行，可以去美国好好地治疗她的身体，但林徽因拒绝了。祖国在苦难中，祖国人民在苦难中，林徽因义无返顾地选择留下，她要与祖国同呼吸同命运。她的倔强，她的饱满，她的血色，她的脉动，与祖国在一起，与千千万万饱受苦难的同胞一起，他们共同渡过。她和林觉民以及那些为革命献身的林氏家族的亲人们一样，他们的血液膨胀、澎湃，那是激昂的炎黄子孙的中国热血，川流不息地奔流！

在最困难的年代，林徽因夫妇从北京一路逃难西南，对此，费正清和费慰梅都给予了关注和支持。费慰梅寄来一些钱，虽然在那个动荡的年代里也是杯水车薪，但是，他们两家的友谊从未间断过。费正清和费慰梅对梁思成和林徽因的无私帮助，让颠沛流离中的这一家人生出了极大的感动。林徽因也不断地去信，将心中的苦闷，将无奈、希望和憧憬都说与费慰梅，这成了林徽因最低谷时期的一种延续生命的"液体"。那时，很多人都认为，林徽因是走不出李庄的，她是那么羸弱，失去了血色，失去了营养，失去了药品，但她还是走出来了。后来，林徽因坐着滑竿，参加了抗战胜利的庆祝，那是她第一次去镇上的热闹地儿，第一次去女儿梁再冰的学校。

费正清说："在重庆看不到林徽因，我便去李庄，坐了三天三夜的小船。"费正清在途中感染了风寒，高烧不退，两个都咳嗽的病人，见面却滔滔不绝，兴致勃勃，难以想象那是怎样的场景。

随后，费慰梅也来了。她说，在山城热闹庆祝抗战胜利，没有林徽因不行。她请了美国飞行员驾驶运输机将她送到宜宾，再从宜宾赶到李庄，就为了与林徽因享受胜利这一刻的喜悦之情。林徽因和费慰梅，在中国西南的小镇上，目睹了欢庆和歌唱，即使林徽因那时已经不能下地走路了。

林徽因等人在考察行进中

她们曾经一起，去山西考察，她们一路快意人生，一路感受中国的历史，也一路饱经了战争带来的苦楚，她们在困难的前行中缔结的友谊，一路芬芳，一路甜蜜，一路向阳。

第七卷
今夜星光耀永恒

第一章　南飞雁

　　如果要送林徽因一朵花，最好不过冬日清霜中含苞吐蕊的梅花，且她更似腊梅，为有暗香来。梅朵赋予冬天以色彩、生命、律动的热烈，它点燃苍茫冷寒里的一枝温暖，它在凛凛烈风中清倔而立。白梅单薄，但与天地同色，是白茫茫里暗哑的独白；红梅斗艳，却能抑制住奔放的索求，在清苦里独自飞扬；腊梅僻幽，时常转墙角处，豁然见一树，见它们不争不诉地探出清芬。这是中国的梅，最性清的梅花烙，中国人将梅花作了灵魂之物，作了精神之物。南方盛产梅朵，西南尤甚腊梅，随处可见其芳踪掠影，随时可闻其暗香浮动。"清香传得天心在，未话寻常草木知。"寻梅不用踏雪，西南的梅就是如此的。

　　曾经，林徽因就盛放在西南的边陲小镇上，尽管这种盛放是幽微的，喘息的，寂寥的。她在这西南的潮湿中，发酵最芳华的坚持，坚持骨骼，坚持黎明，坚持信仰。

或许，林徽因从没想到过，有一天会离开繁华而厚重的北平城，过着颠沛流离的生活，一扎下，就是九年的光阴。她更没想到，包括梁思成也没有预测到，他们人生中最为丰沛的年华，最为宝贵的时间，就落在了辗转与滞留的无奈中，默默地耗去了事业的黄金期，荒凉了一段大好时光。他们只能对天仰叹，时不待我的幽怨，却奈何不得。而业界的朋友们，更是为这么一对夫妇的才华因为战争的无情得不到施展而十分惋惜，这是中国建筑学上的重大损失，也是林徽因和梁思成他们一辈子的遗憾和疼痛。

"七七事变"是林徽因和梁思成人生的一个转折点，何尝不是大中国和中华民族的一个转折点呢！当时，林徽因和梁思成正在山西五台山地区考察，他们在那儿发现了中国最早的木结构建筑佛光寺大殿。这标志着原来中国还有一千多年前的木结构建筑留存下来，还有这么一颗沧海遗珠静默闪亮在千年的时光中，从此，中国的唐代建筑不再仅是敦煌壁画上的图像了。这一发现，不仅是中国建筑史上的一次辉煌发现，也是彪炳史册的一件历史考古大事，它让那些叫嚣中国已经没有了千年前的建筑的声音立刻哑然。但是，欣喜之余，困苦和颠簸随之而来。林徽因夫妇在建筑史上的最灿烂时光也随着这次的发现，在战争的枷锁下慢慢地被吞噬掉光彩。

北平是不能待了，但营造学社的资料不能毁了。这笔建筑史上的财富，是在梁思成和林徽因他们一干人用大量的精力，大量的人力，大量的心血累集、凝结起来的，如今在他们手里沉甸甸的。营造学社负责人朱启钤不打算离开北平，他们该何去何从？他们没有犹豫，坚定地随着清华大学南迁的队伍，开始了艰难的跋涉。一批营造学社的同仁将这些珍贵的资料打包装箱好，将建筑"财富"移送到更安全的地方，不让日本人所毁灭或夺去。

北平的局势紧张下，林徽因和梁思成开始了离开前的准备，这一离去，预示着这个安定的家成为了过去，而那些珍贵的个人财富，也会随之放弃许多。带着营造学社的"大财富"，小家的"小财富"，他们不得不考虑精简一些。

林徽因，梁思成，林徽因的母亲，两个孩子，这一行人，老的老，小的小，还有一个重症者的主妇，而"当家人"梁思成也有腿疾，老沉疴了，这真是无处诉说的难。这样的搬迁，对这个"老弱病残"的家庭无疑是一次极大的考验，风险颇多。曾有亲友问夫妻二人："你们为什么那样心情激动地准备南迁呢？即使这里成立自治政府，那又怎么样呢？对我们丝毫没有什么影响。我们的房子还在这儿，北平还是中国的，不是日本的，生活还像平时那样过。"林徽因在给费慰梅的信中回答了所有："如果我们民族的灾难来得特别迅猛而凶暴，我们也只能以这样或那样迅速而积极的方式去回应。当然会有困难和痛苦，但我们不会坐在这里握着空拳，却随时让人威胁着羞辱我们的'脸面'。"林徽因的几位叔辈，以林觉民为代表的革命先驱们，他们为中国和中国人民"抛头颅洒热血"的义无反顾的牺牲精神，那一刻，在林徽因身上延续着。

　　林徽因瘦弱的身体没有冲锋在第一线，她也不似父亲一样迷恋政治，父亲是政治的热衷和追求者，而林徽因则以一位新中国知识分子的骨骼，重新诠释了一种革命精神。记得在重庆读书的还尚小的梁从诫曾问母亲林徽因，万一侵略者真的打到了四川，我们该怎么办？林徽因答道："中国念书人总还有一条后路嘛，我们家门口不就是扬子江吗？"林徽因如此认真地回复儿子，或许这样的气节，华夏儿女展现的民族精神，其实千古同样。无数多"屈原"，无数多为理想追寻和祖国荣辱付出了生命的知识分子们，他们都同林徽因一样，有一颗赤子之心，有一颗不屈不挠的坚定心。

　　1937 年 7 月 28 日，在本来作为临时"阵地"的"太太的客厅"里，一群满怀信心与军士们共同坚守的"与城共存亡"的教授和家属们，突然发现守城将士已经人去楼空，他们立即明白了，离开的时候到了。幸好他们已经早做了南下的准备，付诸行动时便不算太慌张。但是，真要离开，谁能忍受着抛却家园的锥心之痛呢？大家都期期艾艾的哀伤着……

　　林徽因一家老小从北平出发到天津，而许多教授、文人的太太们依旧留守原地，只有这一批知识分子先行南下，可想而知离别的苦楚多么让人揪心。林徽因也揪心，她内心巴不得车子能挤下更多的孩子太太们，她知道这一去，不知道何日再相见了。临行前林徽因去医院检查，医生说："这样的病人不宜远行，更不必说逃难。"这些警告对于心意已绝的林徽因来说，已经阻挡不了她坚决的脚步和坚定的信念。待在北平，其实就是一种心灵"屠宰"，那是会要了林徽因的命的。

　　而促使梁家人立即撤退的原因还有一个，那就是日本鬼子垂涎梁思成的成就，一张请柬——"东亚共荣协会"的邀请，让林徽因和梁思成不得不提前出发逃亡南方，他们不做亡国奴，更不会做侵略者摆布的傀儡或者被其利用。清晨六点，被扯上车的林徽因，该作如何的感想？苦心经营的一切随着战争的硝烟而成为曾经，过去不复，而未来有些什么坎坷等待着这一家子呢？

林徽因和孩子郊游

　　金岳霖与林徽因一家同行，这算一件非常值得庆幸的事情，至少，单身汉的金岳霖多少可以在旅途中照顾一下"老弱病残"的一家子，相互扶持不是锦上添花时的作秀，落难时稍微的搭手便是最温暖的感动。

　　他们乘坐轮船，转乘火车，搭乘汽车，上上下下不知几次，终于到达了武汉。整整九天的时间。这无休止不停歇的前行，对于林徽因来说，无疑是致命的，浑浊的空气，窒息的气氛，颠簸的车船，是肺病患者最忌讳的。然而，一番颠簸之后的落脚地还不能作为安全的驻扎地，于是，一群人又启程，通过上下车船 16 次后，终于到达了湖南长沙。大家总算安全到达，心里自然高兴、雀跃，至少，短暂地远离了的战火纷飞，可以继续重新建立教学基地了。

知识分子是一个特殊的群体，他们的精神和追求，往往不能以一般人的思维去定位，特别是高级知识分子。于是，这一群高等学府里的精英，在安定下来了的日子里，重新开始了走动窜门，当然，林徽因家是首选，那儿是聚众地。林徽因的号召力自是不用多描摹，就像我们今天所谓的"粉丝团"，林徽因有一帮铁杆"粉丝"，那么自然就以林徽因为"核心"，大家又重新回到了温暖的日子里。

长沙不比北平的浪漫和雅致，这里毕竟是一个省会城市，住宿，经济，目前的状况，都不能与从前的那个"太太的客厅"相提并论，林徽因要自己做家务，没了保姆，上下老少，除了自己，还能有谁去做呢？让林徽因去做琐碎无聊的家务事，确是有许多苦楚，她是不喜欢将时光浪费在觉得没有成就的单调乏味的事情上的。她向费慰梅曾经这样抱怨过：

"每当我做些家务活时，我总觉得太可惜了，觉得我是在冷落了一些素昧平生但更有意思、更为重要的人们。于是，我赶快干完手边的活儿，以便去同他们'谈心'，倘若家务活儿老干不完，并且一桩桩地不断添新的，我就会烦躁起来，所以我一向搞不好家务，因为我的心总一半在旁处。"

后来在李庄，林徽因做家务的时间更多，不过，她学会了慢慢地接受和打扮心情，对于林徽因这样有着艺术气质的人来说，不得已中也能添一抹活泼的生机和颜色。乡村的野花野草多，滋养了林徽因最美丽的心情，她将这些生鲜的好看的生命插在玻璃瓶中，开放、枯萎；枯萎，开放。林徽因是一个爱护生命的人，尽管她知道自己不能说了算，但是，她可以做到对自己生命的负责和坚持到底。

在长沙遭遇了一次空袭后，林徽因一家再也不能呆在这儿了，这儿也不安全了。他们只有提前离开长沙，再次辗转去昆明。

当时对于空袭的突然，没有人预料到会来得如此快。没有警报的发布，一切都还在正常中。林徽因告诉费慰梅：

"在日机对长沙的第一次空袭中，我们的住房就几乎被直接击中。炸弹就落在我们的临时住房大门十五码的地方，在这所房子里我们住了三间，可还没来得及下楼，离得最近的炸弹就炸了。它把我抛到空中，手里还抱着小弟，再把我摔到地上，却没有受伤。同时房子开始轧轧乱响，那些到处都是玻璃的门窗、隔扇、屋顶、天花板，全都坍了下来，劈头盖脑地砸向我们，我们冲出房门，来到黑烟滚滚的街上。"

上苍眷顾了这一家人，一颗炸弹扔在他们跑去的那个街道，但没有爆炸。这是奇迹，也是幸运，林徽因和家人幸免于难，苍天也算睁大了眼睛的，不然中国建筑界将失去两位泰斗人物，没有他们，许多建筑学上的东西都可能发生微妙的改变，比如国徽的设计，又或景泰蓝的工艺改良，人民英雄纪念碑的设计，等等。许多无法预测和想到的事件，在稍纵即逝中就会发生瞬息改变。

逃难，难逃啊！一路不停地奔走，磨砺人意志的不断迁徙考验着这一家，吃尽了颠簸的苦头。人员的特殊，身体的状况，现实的不稳，行走的艰辛，他们是如何跋山涉水走过的？想来，当一个人被逼迫到一定的境遇中，他的战斗力和意志力也都变得非常锐利且坚韧。之后，他们从长沙又启程了。

要走贵州，再绕道去云南，必经沈从文的故乡湘西沅陵。沈从文得知他们的行程安排后，提前书信通知了家人安排并接待好这老少一家的吃住。

沈从文和梁思成、林徽因夫妇一直是密友，两家人生活中走动频繁，且林徽因与沈从文过从甚密，建立了非常深厚的友谊，他们在文学上的探讨，虽然未必有与徐志摩那么频繁，但交流也是颇多的，是知音，也是知己。

沈从文的家乡——湘西，是一个层山叠翠的好地方，山水好，人文好，一路沿途风光也好。林徽因一家居住北方的时间居多，特别是两个年少的孩子，见到这样的风土人情，心情雀跃起来，大家眉头舒展着，一派晴空朗朗好风光。沅陵，这个不同于城市风景的边城一隅，迎来了这不寻常的一家子，大大小小老老少少携手而来。他们在主人的热情陪伴下，在这山风徐来的轻轻柔柔中，尽情地享受着一桌子乡土风味，湘西的菜，腌制的，辣乎的，野味的……大家欢声笑语，一时间竟忘记了艰苦和困难，度过了简单而愉快的时光。

不过，这只是漫漫长途中的一个驿站，前方的征程，在等着他们去战胜。

就在他们到达贵州地界的时候，林徽因病倒了。在养病中，他们巧遇了一群天之骄子，前往昆明受训的部队飞行员，中华热血儿男。就是这一场遇见，让林徽因夫妇多了许多亲人，也多出了许多伤悲。

林徽因的身体状况越来越差，毅力支撑着她必须陪着亲人走下去。她咬紧牙终于撑到昆明的时候，羸弱而憔悴，身体已极度受损。

昆明的生活，需要重新规划，当时他们财务状况已经很紧张了。窘迫之余，林徽因不得不自己完成所有的家务活，亲自操办一家人的吃穿住行。他的朋友曾经见她拎着一个瓶子在街头打酱油，非常心疼至极。他说林长民的女儿，梁启超的儿媳妇，梁思成的妻子在街头柴米油盐醋的，实则很难想象的境况。但是她做得很坦然。有信仰的人，永远是不会被自然、社会，环境所逼迫挟持的，他们总会找寻到出口，让自己坚持下来，实现自己的理想信念和生命价值。林徽因便是如此，她曾经在李庄写道：

今天十二个钟头

是我十二个客人

每一个来了，又走了

最后夕阳拖着影子也走了！

我没有时间盘问我自己的胸怀

黄昏却蹑着脚，好奇的偷着进来！

我说：朋友，这次我可不对你诉说啊

每次说了，伤我一点骄傲

黄昏黯然，无言的走开

孤单的、沉默的、我投入夜的怀抱！

林徽因是孤独的，也是悲伤的，她一直被病魔遏制，囚禁在病榻上，一个人的伶仃，一个人的角落，或许有人懂她，或许没人懂她，但这并不重要，重要的是入秋了，冬还远吗？

第二章　悼英雄

　　林徽因和梁思成，曾经有这么一段刻骨铭心的经历，但也成了他们一辈子的伤痛。

　　当一群活泼乱跳的孩子，他们只能是说是孩子，他们那么小，那么年轻。他们是从敌占区来到昆明苦练飞行技术的一群半大小子，弃笔投戎，为了祖国和人民，义无反顾地翱翔在蓝天上，他们用生命化作了云端的一朵朵洁白，融入了无垠的云河中，但他们在林徽因和梁思成的心中，却是永远的孩子，是值得景仰的抗日英雄！

　　说起与这些孩的相识，实则是一种极深的缘份。

　　彼时，林徽因一家赶往昆明途中，正值入冬，雨雪交加，这是西南的典型气候特征。林徽因病倒下了，病倒在湘黔交界的晃县，他们无法找到一个栖身的旅店，梁思成抱着高烧病重的妻子，焦急地一家家地去投宿，但是，都无功而返，老板甚至连地铺也不肯提供。正黯然伤神中的梁思成，突然听见店外飘来小提琴的声音，悠扬的琴声荡在这个偏僻的小镇上，且演奏的是世界名曲，梁思成想，会这样乐曲的人，一定会是素养很高，说不定会遇上谦谦君子，如果是，讨一个地方落脚未尝不可能的。于是，梁思成循着音乐而去，敲门一看，原来是一群身着军装的年轻人。梁思成与政治结缘少，因此对军人也不曾多了解，当看到这一幕，很显然，要一个空地儿的请求确实不好说出口，他们是小伙子，又是军人，应该有一定的组织纪律性，能同意的可能性不大。梁思成琢磨着，但是最终还是将来意说明，却不想这一群年轻军人非常慷慨义气，立即表示让出一间给他们住下。

总算有了歇下的地方，也可以给林徽因治病了，一家人暂时安心，这是不幸中的万幸了。因为他们遇到了这么一群可爱朝气的青年人，据说是去昆明练习飞行的，是杭州笕桥航校的第七期学员。林徽因的弟弟林恒后来也来到了昆明，他是第十期航校学员。因为林恒这一层的关系，这一群年轻人与梁思成和林徽因他们走得更近了。

他们一到休假时间，便会三三两两约上来昆明城里，来林徽因家。本来，林徽因极为好客，她喜欢热闹，而且当时张奚若、金岳霖等一批老朋友也在昆明，这样的聚会，让航校的这些年轻人非常兴奋，走动也就频繁起来。这群孩子大多来自沿海城市，离家遥远，时常有思乡情结，他们小小年纪，在军中的苦楚必然很多，特别是飞行员训练是极其严格的，肯定有很多辛苦和艰难，他们的心理也会摇摆不定。于是，林徽因和梁思成就成了他们的"心理辅导员"，开导他们，引导他们，让他们放下包袱，放下苦闷，放下郁结，好好地训练，好好地生活。梁思成和林徽因俨然成了他们的大哥大姐，倾听着兄弟们内心的纠结，清除掉他们情怀里的"淤塞"。

一年后，这批青年从航校正式毕业。梁思成和林徽因被邀请出席了学校的毕业典礼。毕业典礼上，梁思成作为这些青年人的"名誉家长"作了发言。他们的父母在千里之遥，无法目睹他们毕业时的荣光，也无法从战争的未知中知晓孩子们最后的归宿。他们最终被编入抗击侵略者的部队中，去实现他们的使命和抱负。林徽因和梁思成于是就多了一个身份，成为这批飞行员的"名誉家长"。

按说因为彼此的分别，这些故事就告一段落了，但还有许多发展和延续仍在继续中。

当时，费正清来到李庄，对于林徽因夫妇的生活环境非常地感慨，他笑谈，在这个地方，不能喝上咖啡，但是，能听到留声机的吱吱呀呀，确是也算一件非常享受的事情，而且和梁思成和林徽因一起听，在这个偏僻的小镇上，在梁家生活用品都极度匮乏的情况下，享受音乐就成了一种奢侈的享受。这留声机从何而来？

据说，这与一位航校的学员有关。他叫林耀，与林徽因同姓。他是那 8 个飞行员中最年长的一位，他和林徽因最投缘，也接触最多，是 8 位学员中最后一个牺牲的。林徽因从昆明来到李庄时，林耀曾经趁休假两次来看望她和梁思成。他最后带来并留下了林徽因最喜爱的唱片机和唱片。他们的交流十分流畅，从林耀的谈吐和才学中，林徽因看到了闪光的思想，她很欣赏这位有自己的见识和见地的飞行员。

有一次，林耀驾驶飞机从李庄上空过，但是执行任务的他无法来看望林徽因，他竟然在空中低飞了两圈，并投放了昆明好友们给林徽因和梁思成的来信，以及一包糖果。这样大胆的做法，换作今天简直就是一种无法想象的疯狂，是严重违反部队纪律的。但是，在那个特殊的年代，就有这么特殊的事情发生，不是浪漫之举，这是感情的执著与深厚。就是这么一位优秀的年轻人，在负重伤调养好后却依旧要求上战场，最后却没有逃出死亡的魔咒，不幸牺牲了。

一个个飞行员的遗物，不管是在昆明的时候，还是在李庄的时候，部队都会准确无误地给梁家寄来这些最后的纪念物品。从陈桂民的噩耗开始，梁家就连接不断地收到一份份死亡通知书，这让偏于情绪化的林徽因更加悲痛。最熟悉的亲人，最亲密的朋友，他们都是因为飞机坠落而去，尤其是弟弟林恒的牺牲，对林徽因的打击是非常致命的。林徽因很喜欢这个弟弟，当时林恒已经考取了清华大学，但却义无反顾地选择了参军报效国家。在北京的时候，林恒就参加了游行，他的血脉里，流淌林家革命人的沸腾血液，林家可谓英雄辈出，这是不可否认的。

而另一个让林徽因一辈子也无法忘怀的人，便是徐志摩，也是死于空难。徐志摩空难中残留的飞机遗骸片，和林恒牺牲后梁思成拾捡的飞机遗骸片，最后都悬于林徽因和梁思成的卧室中。

面对这样的离去，面对各种离去的原因，梁思成和林徽因更加惋惜与伤悲，有人因为英勇而就义，这是为国捐躯，而有人因为飞机的故障而就义，虽然也是英雄，但是却"枉死"，一条条活鲜鲜的生命就这么被夺去。每来一次部队的阵亡通知书，林徽因就大哭一次，这严重影响了她的身体。后来，梁思成干脆隐瞒了这些信息，将学员们的遗物悄悄藏起来，但是终归有被发现的时候，免不了还是伤心。

其中一位叫叶鹏飞的飞行学员，因为两次飞行故障跳伞，心内郁结，在第三次飞机出现故障，当机长命令他跳伞时，他却坚决不跳，他觉得失去了两架飞机已经很内疚了，不愿意再这样，只有与机共存亡，才能让心里更加的踏实。最后，他不幸牺牲。这本来是不关飞行员的事情，因为检修不力，因为保障不济，因为重视不够，这些老式的飞机，依旧不断地执行任务，这就是这一批飞行员的悲哀。最后，那一批林徽因和梁思成认识的学员，全部将生命奉献给了祖国，奉献给了祖国的蓝天。

此后，梁家人有一个不成文的习惯，每到 7 月 7 日 12 点整，总会默哀三分钟，以悼念那些为抗战打击侵略者牺牲的烈士们。

林徽因在弟弟林恒牺牲后的第三年，在梁思成再也隐瞒不住了的那一天，她写下了最为动人的一首长诗《哭三弟恒》，这首诗歌成了不可多得的即兴佳作，悲愤悲伤悲怜中出诗词，或许，千古名篇都是这样来的。人到情深处，不得不诉述。林恒最后留下航校毕业的纪念佩剑，林徽因一直珍藏着，林徽因病逝后，最后由林徽因的母亲收藏。

昆明，李庄，留给林徽因一家的印象极为深刻。

在昆明，林徽因和梁思成设计自己的房子，三间正房，一

林徽因梁思成在昆明

间厢房，外带单独厨房。这是他们真正的窝，他们一直没有机会为自己设计一套"爱的港湾"，却在昆明，在极其艰苦的情形下实现了。他们虽然耗尽了全部的积蓄，但是，全家人却非常地高兴、满意，他们准备好了长期驻扎昆明的准备。这座房子位于昆明市郊的一个叫龙泉镇龙头村的地方，从图纸，买料，运料，木工，泥水匠等施工程序，都是夫妻二人合力完成，可想而知他们当时的干劲和愿景。而且，爱美和艺术的林徽因还将卧室铺上了木地板，还砌了一个小小的壁炉，这样的体验，让林徽因又回到了在北平时的时光，天空晴朗着，舒适、舒心、舒展了，心情也极好。她期待费慰梅和费正清来她的新家做客，这是她和梁思成亲自搭建的爱的巢穴。他们可热情洋溢地谈论，可娓娓动情地倾诉，想必这时的林徽因，她一定最幸福的，她一直憧憬着他们的突然到来。

不久，因为中央研究院历史语言研究所撤离昆明，迁徙李庄，而营造学社当时归口这个研究所，因此，梁思成和林徽因不得不随着大部队前往四川宜宾李庄。他们的新建的房屋就此空下来。而在西南大学的包括金岳霖在内的那些好朋友，此后几年间也分割两地，这是林徽因最为寂寞的几年，李庄的日子，度过的时光，想是在林徽因的记忆中尤为深刻，特别清晰了。

第三章　北回归

　　傅斯年、梁思成、李方桂、董作宾等 53 人在李庄立下"留别李庄栗峰碑"，预示着北归的日子不远了。

　　西南边陲的风土人情、民风民俗，纯朴而寂静，虽然令人心神安定，但对于这一群来自北方的扎根科技、文化的精英而言，这里的土壤，始终只能短暂地寄居他们的无奈，最终的向北飞才是定局。因为只有回到祖国的心脏中，才能发展先进性，突破局限性，探索未知性。只有北平城才是人才发挥热量和展示能量的摇篮，那儿才是他们的归属地。

　　愈发迫近的脚步，冲击着游子们的思乡情节，离开北平多年，有股力量在召唤他们。

　　林徽因在梁思成的陪伴下，他们先去了重庆。检查，治疗林徽因的肺病是当前最重要的事情。恰好，费慰梅也在重庆，闺蜜能相见，自是兴奋喜悦的。孤独了这么多年，离开城市生活这么多年，相别了知己这么多年，林徽因期盼着一切重逢带来的欢喜和激动。

　　她到了费慰梅的家，她爱上了费慰梅设计的小屋子，无不感慨这种艺术的手法，赞叹费慰梅的品味和灵感。费慰梅开着一辆吉普车，她们一起去街头巷尾感受抗战胜利的欢呼声，看看久违了的繁华与喧嚣。她们去吃西餐，享受从前的优雅日子。

　　林徽因和费慰梅有讲不完的话儿，她们诉不尽分别的苦和这些年相互的思念，林徽因是活泼、生动的，在重庆的日子里，她又回到了曾经那个飞扬的林徽因，虽然，她依旧肺病缠身，但是风采依然焕发。

　　马歇尔将军举办的一个重要的酒会，费慰梅带着林徽因参加了，在这里，林徽因接触了各党各派各界人士，吴国桢、冯玉祥，还有共产党领导人周恩来，这或许是林徽因第一次如此近距离地看到中共领袖人物的风采。不久，周恩来派了一位时尚的女子与林徽因接触，她穿旗袍，高跟鞋，也烫新潮的卷发。她是一位共产党员，这样的形象，颠覆了林徽因心中对共产党员的想象，与外界的传闻简直是大相径庭。她们摆谈了许久。这位女共产党员叫龚澎。

　　党派林立，是当时的政治格局。没有人能猜透走向，谁将最后胜券在握。观望的各方很多，皆不敢轻易定论和靠近，生怕不慎引来麻烦。特别是知识分子相当地谨慎。

北归的日子排上了议事日程，根据排序，营造学社的人员飞机序号排在 47 号，按照当时动静，第 1 号飞机还在等待中，不知何时轮到 47 号，这样的等待是漫长的，又因军队和政要的飞机随时插队，起飞时间遥遥无期，只能静待。

林徽因想昆明了，很想回去看看。于是，好友张奚若、金岳霖等人就热心地为她张罗组织着。之前，费慰梅请了一位美国胸外科专家为林徽因作肺部检查，结果不是很理想。医生悄悄告诉费慰梅，病人也许只有五年的时光了。费慰梅不可能告诉林徽因这个结果，林徽因自是聪明人，也不会提及和过问。对自己的身体，林徽因一直很有数，自香山疗养时就开始写秋，那时的林徽因觉得自己就已经进入秋天，如今，或许真的是"秋意浓"了。其实，即使没有老毛病，就是在李庄病了那么多年，没有得到及时医治和保养，也是非常严重的了。林徽因能从李庄走出来，靠了毅力和不屈的那一股子不服输的劲儿，这才是林徽因骨子里的东西，这才使得她有了事业上的辉煌。

相隔多年，再遇故知，无疑是林徽因治病的最好药剂，如果真缺了这一帮子好友知己，林徽因的生命将是枯涸的。

三五知己，畅游思想，在昆明的日子，阳光照在林徽因身上，她感到无限温暖，仿佛又做回了当年"太太的客厅"里的女主人。只是，她现在的身体更加羸弱了，也苍老、憔悴了。

心情大好的林徽因，见昆明都是美好的，她赞道："所有最美丽的东西都在守护着这个花园，如洗的碧空、近处的岩石和远处的山峦……这房间宽敞、窗户很大，使它有一种如戈登克雷早期舞台剧设计的效果。甚至午后的阳光也像是听从他的安排，幻觉般地让窗外摇曳的桉树枝桠缓缓移动的影子映洒在天花板上！"这是林徽因在昆明圆通山唐家花园居住一段时间的感受，这感受来自对生活的热爱，对美好的渴望和憧憬，她的生命被重新点燃，不断地燃烧起来了。

在好友中，还有一位不得不提的人，只要上过初高中的人，都会知道他，他就是朱自清，他也是林徽因的朋友。他和林徽因一家一同南下。林徽因在昆明期间，朱自清自然前往探望，而且是几次促膝谈心，林徽因的生命未来，明眼人都知道，这位骄傲的女子，也许已经到了最后的生命历程，当然，后来的事实证明，林徽因的生命是强大的，她像盘根错节的榕树，给一个攀附的机会，它的生命就会重生，又见葱茏。林徽因一生只和自己斗争，与生命赛跑，她斗赢了自己，也跑赢了判决书。

对林徽因的身体怜惜和祈愿，是这一群懂她，爱她，敬她的好友们永远的心声。

在昆明将息快半年的林徽因，与从李庄出发到重庆的梁思成会合，他们在等待一个月后，终于踏上了北归的班机。载着日思夜想的挂牵，载着无限渴望的心情，载着满腹的委屈和即将归来的雀跃，载着心内复杂的情怀，林徽因一家回到了北平。

他们的未来，充满了诸多不安的因子，慢慢地侵蚀着心里的弦，中国到底何去何从，他们渴望安定，渴望家园，渴望祖国强大，他们有太多的渴望和诉求，其实这也是普通老百姓共同的希冀和祈盼。林徽因对祖国的热爱和对时事的疑惑，曾对费慰梅书信道：

"正因为中国是我的祖国，长期以来我看到它遭受这样那样的雁难，心如刀割。我也在同它一道受难。这些年来，我忍受了深重苦难。一个人毕生经历了一场接一场的革命，一点也不轻松。正因为如此，每当我察觉有人把涉及千百万人生死存亡的事等闲视之时，就无论如何也不能饶恕他……我作为一个'战争中受伤的人'，行动不能自如，心情有时很躁。我卧床等了四年，一心盼着这个'胜利日'。接下去是什么样，我可没去想。我不敢多想。如今，胜利果然到来了，却又要打内战，一场旷日持久的消耗战。我很可能活不到和平的那一天了（也可以说，我依稀间一直在盼着它的到来）。我在疾病的折磨中，就这么焦灼烦躁地死去，真是太惨了。"

这时的林徽因是焦急的，战事的持续，内战这种最无情的自耗，无休无止地搅得她身心不得安宁，再加上身体的不断预警，林徽因真是感到了冬日的到来，或者它已经踩着细碎的步子来了。

第四章　出书记

　　林徽因和梁思成回到阔别了九年的北平城，自然是感慨万千，难以抑制心中的委屈和伤悲，最为饱满的年华，已经消磨在了遥远的西南边陲。如今回到的家，百废待兴，一切重来，难免心内凄凄的，或许这也是每一位回到北平城的知识分子的心情和感觉。有久别重逢的欣喜，更有对美好家园的渴望。

　　这个饱经苦难的皇城，从明代定都以来，历经连绵战火、朝代更替、兴衰荣辱的洗礼，斗转星移间，烽烟几度，繁华几度，落幕几度，细细算来，两三百年无非是弹指一挥罢了。如今徒留一地的千疮百孔待修复，而人心难以修补，这是未来政治格局再度变化的根本。

　　林徽因一家在西南联大复员教职工的接待处落脚，他们再也没回到北总布胡同三号，那个曾经热闹非凡、蓬勃兴荣的地方。梁思成回到清华大学任教，还未走马上任，因一个重要的邀请，他便被当时政府派往了美国，参加联合国大厦设计委员会。这时的梁思成，已经在国际建筑学舞台上崭露头角，有了一定的知名度，这与费正清和费慰梅不余遗力地将他的学术成果及论文推荐到国际建筑学杂志上发表有着密切的关系。没有一个引路人，在战火纷纷的中国，特别是抗战期间待在内陆地区，是很难与世界接轨的。他们无私的帮助，让中国建筑学的研究有了更快速更快捷的展示平台。

这不得不提到一个小误会，如果不是一次机缘巧合的提及，也许会成为两家人无法说出口的伤疤。尽管费慰梅一直不知情，一直以为自己办理的事情已经在许多年前就办妥了。正是因为两家不一样的情感，让梁思成无法出口问及，而费慰梅其实也蒙在鼓里的。而这件事的起因是一些珍贵的资料和图片。

1978 年，费慰梅的一位欧洲朋友访问清华大学，在与一位教授交流的时候，便提到了费、梁家的长期友谊，本来是拉近距离的话语，却不曾想，教授的回答是不客气的，他说："是吗？那为什么费正清的夫人不依梁教授的要求，退还给他那些图稿和相片呢？"收到信息后的费慰梅惊诧了，她说："我在剑桥看到朋友从北京发来的信后，顿时目瞪口呆……我知道，它们是思成一生的心血。他生命的最后十四年，不能参考这些研究所需的基础图片，他会怎样看待我呢！"

原来，1957 年 3 月，梁思成曾捎口信给费慰梅，要她将这些书稿寄给英国的一位刘小姐收存，而她自己按照梁思成的交代，已经办妥了，但时隔这么多年却出现了这样情况——资料未物归原主。

本来收着当初交接物证的费慰梅是可以不再管这事的，只需要出具这个证明即可，但她显然不会心安。几经辗转，费慰梅终于将在新加坡执业的刘小姐找到，刘小姐认可包裹仍在，只是迟迟不兑现还稿，在费慰梅再次坚决要求下，这些凝聚着梁思成和林徽因心血的建筑学资料终于回归祖国了。一个长达20年之久的误会，也从侧面说明了费林两家的珍贵友谊，是经得起时代变迁的考验的。

事实上，梁思成脚板还没踏热北平的土地，就立即动身去美国了，丢下了一家老小在北平等待搬家。清华大学分配的是清华园新林院8号作为梁思成的公寓，这所公寓是一座洋式的住宅，单层独户，设施一应俱全，室内非常的舒适，室外的景色也优美。一家老小不可能等着梁思成回来搬家，小得小，老得老，这个移居重任自然就落到身体还很孱弱的林徽因身上。其实林徽因是极烦家务的一个人，但家中之前的多次搬家任务，都是林徽因一个人指挥完成的。那时，都恰遇梁思成有特殊任务外出：从昆明搬到李庄是林徽因独立完成的；后来，他们再次搬到胜因院12号的时候，也是她一手操办的。

一家人总算安定下来，孩子们也上了学，林徽因也慢慢地考虑着自己的愿望和想法。

林徽因有一个习惯，就是尊重结果，不搞特殊，这种思想根深蒂固。按理说，分数没有达到清华大学录取分数线的梁再冰，如果林徽因出面通融一下，不是没有机会在清华就读的。当时，林徽因只是觉得自己的女儿应该是有这个能力考进清华的，当她查完梁再冰的成绩确实没达到上线分数后，再也没有提出其他要求。崇尚自由的大多尊重秩序，林徽因就是这样一个极其遵守制度的人。

梁从诫从郊外的燕京大学附中转学到了辅仁大学附中，一切回归到从前的日子。经济宽裕些了，烦扰少些了，除了自己的病痛外，林徽因觉得一切都好了。空闲下来的林徽因想到了自己阔别多年的文字，尤其是在白塔寺医院作了肾脏切除手术康复后，林徽因觉得不能再等了，她决定将自己的诗稿等整理出来。

在做肾脏手术前，这风险已经让林徽因感到了死亡魔鬼的逼人，她的公公梁启超就是因为肾脏切除不慎而离世的，她在担忧，自己是否能下得了手术台。她这样写到：

> 信仰坐在我们中间多少时候了，
> 一生一世，
> 短不过百年，
> 半百却是那要凝固你的时间，
> 然而这样的灵魂，怎么会死？
> 行走不辍的人，谁又能阻住你的步子？
>
> 当我去了，还有没说完的话，
> 好像客人去后杯里留下的茶；

说的时候，同喝的机会，都已错过，
主客黯然，可不必再去惋惜它。
如果有点感伤，你把脸调向窗外，
落日将近时，西天上，
总还留有晚霞。

一切小小的留恋算不得罪过，
将尽未尽的衷曲也是常情。
你原谅我有一堆心绪上的闪躲，
黄昏时承认的，否认等不到天明；
有些话自己也还不曾说透，
他人的了解是来自直觉的会心。

当我去了，还有未说完的话，
像钟敲过后，时间在悬空里暂挂，
对忽然的终止，你有理由惧怕。
但原谅吧，我的话语永远不能完全，
亘古到今情感的矛盾做成了嘶哑。

这是她给自己的姐姐写的一首近似遗书的诗歌——《写给我的大姊》，诗中带着不舍、留恋、不甘，更有一种坦然接受的心怀在其中。她的这位大姐姐是姑妈的长女，童年时的伙伴，她们一向交好。这种心里独白，其实就是林徽因对人世最后的交割，她将其化为了行行的诗意。或许，艺术家们的格调和思维都是如此吧，不求轰轰烈烈，但求完美无缺，无怨无悔。

林徽因在几次大病中，创作了许多优秀的诗歌，在香山疗养，在李庄的时光，还有这次的肾脏切除手术，都丰收了不少佳作美文。越是恶劣的心绪、环境下，愈发有珍珠迸发出来，她在《恶劣的心绪》中叙述道：

> 我病中，这样缠住忧虑和烦忧，
> 好像西北冷风，从沙漠荒原吹起，
> 逐步吹入黄昏街头巷尾的垃圾堆；
> 在霉腐的琐屑里寻讨安慰，
> 自己在万物消耗以后的残骸中惊骇，
> 又一点一点给别人扬起可怕的尘埃！
> 吹散记忆正如陈旧的报纸飘在各处彷徨，
> 破碎支离的记录只颠倒提示过去的骚乱。
> 多余的理性还像一只饥饿的野狗
> 那样追着空罐同肉骨，自己寂寞的追着
> 咬嚼人类的感伤；生活是什么都还说不上来，
> 摆在眼前的已是这许多渣滓！
> 我希望：风停了；今晚情绪能像一场小雪，
> 沉默的白色轻轻降落地上；
> 雪花每片对自己和他人都带一星耐性的仁慈，
> 一层一层把恶劣残破和痛苦的一起掩藏；
> 在美丽明早的晨光下，焦心暂不必再有，——
> 绝望要来时，索性是雪后残酷的寒流！

手术比想象的成功，痊愈后，林徽因诗性也来了，她连续投稿了 16 首作品，陆续刊登在了《文学杂志》、《经世日报》、《益世报》等上，这给了她再缔造文学梦的鼓舞。她精神奕奕地开始收集整理原有的一些散落稿件，准备编订成诗集。其实，在十年前，林徽因已经编纂了自己的诗集，出版公告也已经在杂志上刊登，可惜因战争而夭折了，她没能完成第一本诗集的出版，一直很遗憾。这次对她来说势在必行，不能再耽搁了，时局不稳，动荡不安，一切还在变数中。但是，林徽因的出版整理终究没能跑赢历史的变迁，北平解放了，以始料不及的速度完成了政权更替。直到林徽因病逝，她都没能如愿以偿的看到自己的诗集问世。

新中国成立了，林徽因和梁思成忙起来了，他们肩负的使命更沉，也更重了。

第五章　耀星空

　　林徽因和梁思成，从民国走来的才女才子，他们卓越的成就，奠定的建筑学基石，为他们赢得了国人的景仰和同行的尊崇。新中国建立后，这一对患难与共的夫妻，再次将中国建筑学大旗扛在肩上，将培养建筑学人才作为己任，将建筑学研究和践行发扬光大，在重任和艰苦面前，他们的创作更加丰富，形式更加多样，硕果更加多彩，为他们一生赢得了最灿烂的辉煌和最有力喝彩。

　　回到新中国成立的那些日子去，去重温这一幕幕重重复复的影像，他们带给我们的，除了感动，还是感动。

　　这是一个即将迎接崭新气象的日子，但北平依旧弥漫着硝烟的气味，国民党政府的特殊班机，接走了一批批熟悉的朋友、同事，他们辗转去南方，再次去颠沛流离了。林徽因和梁思成纹丝不动，连念头也许都没动过，他们再也不想挪窝了。北平这座古老的城市，给了他们太多的灵感和想象，也给了他们事业的平台，这么多的珍贵建筑物，他们想在这特殊的时候，能有些作为。一方面，他们是着急了，怕一场战争毁了一座城，这是无法复制的人类财富；再者，他们离不开建筑学的考古，离开北平，无疑预示着事业从此没有了舞台，自己展示才华的机会也将失去，而且这是关乎事业"命根子"的大事，离开了建筑学，他们相当于失去了自己的灵魂。

担心的过程是寝食不安的，他们在无能为力中只有祈盼交战时两军能顾及到这些古老的建筑物。两个特殊人物的到来，让梁思成和林徽因顿时茅塞顿开，心情踏实下来。张奚若带着两位解放军来到新林院八号，希望得到梁思成和林徽因的帮助，将北平城要保护的名胜古迹标注出来，避免成为轰击的目标建筑，这无疑也是林徽因和梁思成所想之事，正中下怀了。于是，他们与一帮子同事着手，不但将北平的古建筑描注得精确清晰，另外还编写了一册《全国重要建筑物简目》，册子发到了相关部队和人员手中，有效地避免了战争中对古建筑物的破坏，避免误击的情况出现。

就是这一件不经意的事情，让梁思成和林徽因对新的当权者有了很好的印象。这与国民党宣传的形象相差甚远。这些山里林里来的大兵，他们懂得保护这些珍贵的文化遗产，说明其组织和眼界都是不一般的。这让他们暗涌一些欣喜，毕竟，今后就要与新政权同呼吸共命运了。

不靠近政治，不等于漠视、不关心政治。作为学者的他们，静待这一切的到来，充满了憧憬，期待安定，期待有一个学术的环境和平台。林徽因给费慰梅去信说："只要年轻一代有意义的事可做，过得好，有工作，其他也就无所谓了。"这是林徽因的心声，她对眼前的一切，已经在这些年的动荡不安中习惯了顺应，她希望孩子们好。

只是，有一件事让林徽因措手不及。梁再冰要参军，在她即将大学毕业的最后一年，她的态度是那么地坚决，林徽因和梁思成根本不能改变她的心意。去意已定的梁再冰，也许和自己的母亲林徽因一样，一旦选择好目标，没有人能阻挡或者劝说改变。经过思想斗争，林徽因和梁思成不得不放行自己的女儿，最后妥协的结果是去一年后再回来继续完成学业。梁再冰这一根筋的执著，像极了林徽因，只是，她们追寻的目标不一，林徽因的建筑学是学术，梁再冰是弃笔从戎的军人，一文一武。梁再冰的革命思潮意识，也有林家人的风范，这种沿袭下来的历史使命感非常强烈。

早在回到北平的时候，正值梁思成出访美国期间，林徽因办了一件非常了不起的大事。

清华决定组建建筑系，由于梁思成暂时无法上任，就由土木系教授吴柳生代理工作，实际上吴柳生只负责一些行政事务，业务方面的管理全部落在了"编外职工"林徽因和建筑系老师吴良墉身上，林徽因主要负责拿主意和策划。病卧在床榻上的林徽因，硬是一手组织建好了偌大一个建筑系，从聘用教师，到教务安排，以及设备的配备等，大大小小的事物都需要林徽因亲自过问，一个新家的兴起是如此不容易啊！虽然第一期招生只有 15 名学生，到了毕业的时候仅剩下了 8 名学生，但是，这 8 名学生最后都成为了新中国最为优秀的建筑学家，他们一直都忘不了为建建筑系做出贡献的林徽因。其实，林徽因一直只是清华大学的"客座教授"，她没有纳入清华的正式员工中，但她却担任和担当了这么多，是如此无怨无悔和兢兢业业，任今天的谁都会百个不愿意，百般退缩的。但是林徽因就是这么一个人，闲不下来，却又身体虚弱到开校第一节课的时候都无法与学生见面，最后派了梁从诫当代表出席。

　　林徽因与清华大学建筑学的感情，与建筑系教员和学生的感情，缔结的深厚，是无法用简单的语言来描绘清楚的，只有当事人知晓其中的艰辛和不易。吴良镛与林徽因亦师亦友，他眼里的林徽因，他后来描摹的林徽因，真正地让我们走进了一位忘我、激情、积极、博学、才干的林徽因，她是拼命三郎，将身体置于事业之后的奇女子。

　　一个崭新的中国即将诞生，一个崭新的充满朝气和活力的政权，即将将中国改头换面。1949 年 7 月 10 日，临时代行政府某些职责的全国政协筹备会在各大报纸发布启事，启事征稿国旗图案，国徽图案，国歌歌词。其中对国徽的设计要求是：（甲）中国特征；（乙）政权特征；（丙）形式须庄严富丽，截稿时间为 8 月 20 日。8 月 5 日确定聘请徐悲鸿、梁思成、艾青三位专家为国旗国徽初选委员会顾问。

当 8 月 15 日截稿时，国徽的设计稿件非常少，最后初选的 28 件也均被否定。这样，国徽初选委员会不得不向全国政协报告了目前的情况，要求组织专家重新拟定方案。按照相关的记载，委员会建议的"另请专家"是指邀请中央美术学院的画家，主要是张仃，仲灵等人。

但是，张仃这一组设计方案没有过初选。国旗，国歌，纪年，国都都已经定下来了，现在就差国徽的设计定稿。

1949 年 10 月 23 日，林徽因和莫宗江提交了一个国徽图案，并附上了《拟制国徽图案说明》，其文如下，可细细地参详其中设计的过程。

拟制国徽图案以一个璧（或瑗）为主体：以国名、五星、齿轮、嘉禾为主要题材；以红绶穿瑗的结扎托而成图案的整体。也可以说，上部的璧及璧上的文字，中心的金星齿轮，组织略成汉镜的样式，旁用嘉禾环抱，下面以红色组绶穿瑗为结束。颜色用金、玉、红三色。

璧是我国古代最隆重的礼品。《周礼》："以苍璧礼天"。《说文》："瑗，大孔璧也。"这个璧是大孔的，所以也可以说是一个瑗。《荀子·大略篇》说："召人以瑗"，瑗召全国人民，象征统一。璧或瑗都是玉制的，玉性温和，象征和平。璧上浅雕卷草花纹为地，是采用唐代卷草的样式。

国名字体用汉八分书，金色。

　　大小五颗金星是采用国旗上的五星，金色齿轮代表工，金色嘉禾代表农。这三种母题都是中国传统艺术里所未有的。不过汉镜中的连弧纹，与齿纹略似，所以作为齿轮，用在相同的地位上。汉镜中心常有四瓣的钮，本图案则作成五角的大星；汉镜上常用小粒的"乳"，小五角星也是"乳"的变形。

　　全部作成镜形，以象征光明。嘉禾抱着璧的两侧，缀以红绶。红色象征革命。红绶穿过小瑗的孔成一个结，象征革命人民的大团结。红绶和绶结所采用的褶皱样式是南北朝造象上所常见的风格，不是西洋系统的缎带结之类。设计人在本图案里尽量地采用了中国数千年艺术的传统，以表现我们的民族文化；同时努力将象征新民主主义中国政权的新母题配合，求其由古代传统的基础上发展出新的图案；颜色仅用金、玉、红三色；目的在求其形成一个庄严典雅而不浮跨不艳俗的图案，以表示中国新旧文化之继续与调和，是否差强达到这目的，是要请求指示批评的。

　　这个图案无论用彩色，单色，或做成浮雕，都是适用的。

　　这只是一幅草图，若蒙核准采纳，当即绘成放大的准确详细的正式彩色图、墨线详图和一个浮雕模型呈阅。

　　　　　　　　　林徽因　雕饰学教授，做中国建筑的研究
　　　　　　　　　莫宗江　雕饰学教授，做中国建筑的研究
　　　　　　　　　集体设计
　　　　　　　　　参加技术意见者
　　　　　　　　　邓以蛰　中国美术史教授

> 王　逊　工艺史教授
> 高　庄　雕塑教授
> 梁思成　中国雕塑史教授，做中国建筑的研究
> 　　　　　　　一九四九年十月二十三日

　　林徽因和莫宗江提交的国徽，也没有选用。在国徽的设计上，后来形成了两个设计组，一个是以张仃为代表的中央美术学院，一个是以林徽因为代表的清华大学营建系。两个设计组不断地修改，不断地提议，最终，1950 年 6 月 23 日，在中国人民政治协商会议第一届第二次全体会议上，毛泽东主席主持通过决议，同意国徽审查组的报告和所报送的国徽图案。这个方案就是 1950 年 6 月 21 日清华营建系提交的国徽图案。图案下方用隶书书写：

　　国徽图案说明

　　一、形态和色彩符合征求条例国徽须庄严而富丽的规定。

　　二、以国旗和天安门为主要内容，国旗不但表示革命和工人阶级领导政权的意义，亦可省写国名。天安门则象征"五四运动"的发源地和在此宣告诞生的新中国。合于条例"中国特征"的规定。

　　三、以齿轮和麦稻象征工农，麦稻并用，亦寓地广物博的意义，以绶带紧结齿轮和麦稻象征工农联盟。

　　中华人民共和国国徽经过近一年的征集，最终定稿了。

梁再冰说，在国徽设计期间，家中就成了设计的第一战场，草稿到处是，每次到家，一大帮人在忙乎着。这个时候没有人会顾及到林徽因是一个病人，林徽因自己也忘记了自己的病痛，她已经忙得没有时间来想身体的状况。

就像当初在李庄一样，林徽因身体好一些，她便参加梁思成负责的《中国建筑史》撰写工作。林徽因撰写宋辽金部分，并对整部书稿做了校对和补充。虽然林徽因写的字数只有1.5万，但是她引证的资料和有关书籍有50多种，而野外考察的第一手资料，也让文章更为权威，全面，扎实，慎密。

1950年6月，北京市政府成立了特种工艺品公司，急救扶持北京传统手工艺业。1951年特艺公司成立研制景泰蓝的特艺试验厂，梁思成、林徽因负责成立救济景泰蓝工艺的美术小组。

参加这个小组的还有林徽因的一个学生钱美华，经过她们的努力，最终景泰蓝的制作工艺日臻完美，且创意不断，让景泰蓝艺术品走向了更广阔的天空，立于世界手工艺品之林。

1952年，人民英雄纪念碑设计建筑委员会成立了，由梁思成和刘开渠主持设计。而林徽因被任命为人民英雄纪念碑建筑委员会委员，抱病参加了须弥座的图案设计工作，和她一起搭档的是关肇邺。他们经过认真研究，反复推敲，设计方案最终获得了通过。这是林徽因又一具有代表性的设计方案，凝聚着她深厚的建筑学才能，展示了极富天分的艺术细胞。

1953年5月，北京市开始酝酿拆除牌楼，一次大规模的对古建筑极度打击性的拆除运动拉开了。显然，知道了这个消息的梁思成和林徽因肯定着急如焚，以他们的性格一定会阻止这个方案的实施。当时，有时任北京市副市长的吴晗负责解释拆除的意见，梁思成与吴晗发生了激烈的争论，但无济于事。梁思成当场失声痛哭。后不久，在一次文化部社会文化事业管理局局长郑振铎邀请文物界知名人士于欧美同学会聚餐会上，林徽因也和吴晗发生了一次面对面的冲突。遗憾总是存在的，千古都是。人有悲欢离合的遗憾，草木建筑有逝去的遗憾，一切地球上的生物和物体来了又去了，这就是更替的规律。

在生命的最后历程中，林徽因当选为北京市人民代表大会代表。这是 1954 年 6 月，也是林徽因参与政治活动最直接的一次。秋天，这个秋天，林徽因爱了的秋天，林徽因走到了秋天的落黄里。病情恶化的林徽因，住进了北京同仁医院，而身心疲惫的梁思成也仕次年 1 月凶病住在了林徽因的隔壁病房接受治疗。曾经共荣辱的夫妻俩变成共患难的病友了。3 月 31 日深夜，这个陪伴林徽因坚强的男子呼喊到："受罪啊，徽，受罪啊，你真受罪啊！"一个男儿的爱，在这颤抖的字字句句中，完全地给了爱妻林徽因。

一种嘲弄的讽刺，一个特殊的西方日子。死神带走了一位美丽的女子，她回首，她微笑着说："今天是愚人节。"那一年，她才 51 岁。是啊，她刚走过短短 51 年的时光。她是中国建筑学大师，民国才女林徽因。1955 年 4 月 1 日 6 时 20 分，请记住这一年这一天这一时刻。

她是林徽因。

后 记

　　林徽因说这秋，这秋天有太多的繁衍生息。这秋，挂硕果累累，这秋，有艳阳风起，这秋，它委实令人着迷。然而这秋，一茬茬的落英缤纷，一载载的来去匆匆，这秋，其实关不住万物起落和人间锦华，繁茂后是荒芜，颔首中也低首，抵对里也包容。这秋，我们都是过客匆匆。

　　我们都是秋客，回到林徽因诗意泛波的香山去。一阵阵晚风袭来，心内清浅，于是，这秋就真地很美很华光了。

　　◎遇见
　　一朵花的形式
　　最易从雨水中剥茧。似泣非泣
　　等待天窗外展成半裸的诱惑。潋滟分庭抗争
　　谁的法门可紧闭

近似无动于衷。气压扼腕

稍一嘣脆，尘埃揭竿而起

一大片一大片的。唇瓣上，翕合的思想

风头正劲

抛开几粒散漫的跫音

一些紧促，打哪儿来。恰好

岔路口，遭逢一缕灵魂。丢了

天光明啊！

◎秋客

往青岭子去

独行。拉扯深浅的步履

从上到下关不住风。转了。扩大的回音

几乎沉下去。空洞

恐惧。心跳。希望——

韵次的浪，从边缘施压。内核降落

呈大面积水洼

苔藓久不经事。厚厚一层

小心思

泠泠窜出。一阵松涛

一声低鸣，响尾的节。拔地而起

从纯蓝中漏下云河。这秋的情绪

寂静

这是人间秋色。看这秋谁来过，谁踏上又一个秋，一个接一个的秋去秋又来啊！谁在秋天数下落红，谁又在秋天埋下火种。秋，她始终弥漫芬芳，清点岁月如歌。看呢，那山野菊在高岗上漫山遍野地放肆，大胆地笑啊笑的，雏菊般的艳羡人。

这便是我们的秋天了。

秋天，我们来过。